现代工程教育丛书

U1005867

工业系统认识

主　编　张君安　马保吉

西北工业大学出版社

【内容提要】 本书以数学、物理学、化学等自然科学为基础，以光学工程、材料科学与工程、机械工程、电工电子与通信工程、计算机科学与技术、建筑工程等典型工程科学技术为主体，以管理学、经济学、哲学、法律等人文与社会科学为外延，力图在横向上构建融科学、技术、经济、人文、社会等于一体的综合性“大工程”基本框架，体现科学与工程的支撑、工程技术之间的交叉、管理人文社会学科与工程技术的融合等现代工程素质教育的基本理念。在每一工程技术的纵向上，以该工程技术的产生、发展史、主要科学技术、研究前沿与发展趋势为逻辑线条，展现该工程技术领域较为完整的学科概貌，使学生对该学科有一个比较完整的认识。

本书可作为工程类专业低年级学生的综合性基础知识教材，亦可作为人文、社科各专业学生了解现代工业的读物，还可作为干部培训、继续教育的工业知识普及读物。

图书在版编目（CIP）数据

工业系统认识/张君安，马保吉主编．—西安：西北工业大学出版社，2009.12(2019.8 重印)
（现代工程教育丛书）
ISBN 978-7-5612-2556-1

Ⅰ．工…　Ⅱ．①张…②马…　Ⅲ．工业工程　Ⅳ．F402

中国版本图书馆 CIP 数据核字（2009)第 067461 号

出版发行：西北工业大学出版社
通信地址：西安市友谊西路 127 号　邮编：710072
电　　话：(029)88493844　　88491757
网　　址：www.nwpup.com
印 刷 者：陕西金德佳印务有限公司
开　　本：787 mm×1 092 mm　　1/16
印　　张：10.125
字　　数：237 千字
版　　次：2009 年 12 月第 1 版　　2019 年 8 月第 12 次印刷
定　　价：22.00 元

树立现代工程观　培养现代工程师

——“现代工程教育丛书”代序

传统的“工程”概念是“数学和自然科学的原理、知识在工农业生产中的应用”。由此得出高等工程教育的培养目标是“培养适应社会主义现代化建设需要的、德智体全面发展、获得工程师基本训练的高等工程技术人才。毕业生主要到工业部门，从事设计、制造、运行施工、科技开发、应用研究和管理等方面的工作。”这是20世纪90年代初对我国各工科院校培养目标的统一要求。

21世纪的工程已是充分体现学科的综合、交叉的“大工程”系统，仅仅从研究与开发、设计、工艺、施工、管理等分工角度来区分和培养工程师已经不能反映现代工程的性质和内涵及其对工程师的要求。现代工程是综合性立体工程，狭义的内涵是科学、技术在经济、人文、社会等条件制约下的、综合的、系统的应用；广义的内涵是在特定目的下，融科学、技术、经济、人文、社会等因素于一体的、综合的、系统的应用。这就要求现代工程师要有对全人类负责的高度责任心；要有足够的人文社会科学素质；要有把工程问题置于整个社会系统中进行综合考虑的能力；要有求真、求善、创新的素质与精神；要有在开放式大系统下全面协调、可持续的整体思维方式与能力。

传统工程教育的体系以数、理、化、生为工程的自然科学基础，以工学、农学、医学为具体应用学科，进一步开展学科基础和专业教育。这种传统体系在面向小系统、小工程和简单研究对象的情况下是成功的。现代工程的研究对象是以现代科学技术为基础的大系统、大工程或复杂系统，它要求有相应的现代工程教育体系与之对应。因此，系统科学、信息科学、控制科学应与数理化一起成为工学的科学基础，后续专业基础课、专业课的内容体系应是系统工程、信息工程、控制工程的具体应用，最终使毕业生成为掌握本专业的信息技术、控制技术以及系统方法论的高级工程技术人才。

据统计，我国本科生中接受工程教育的学生数占总量的33%，而我校工科学生占学生总数的45%。我国全面建设小康社会，全面发展工业化是对目前在校接受工程教育的大学生赋予的历史重任，而各类从事工程教育的高等院校如何成为培养现代工程师的摇篮，则成为这些学校能否快速发展的基本条件。

中国作为一个朝气蓬勃的发展中国家已经成为世界的制造中心，如何使中国下一步成为世界的设计中心、工程研发中心，是中国工程教育发展的千载难逢的机遇。我国高校还没有建立大量培养满足现代工业需求的人才体系。这些社会发展的需求、挑战和机遇为西安工业大学本科教育的发展指出了方向。

既然我们以系统工程、信息工程、控制工程作为各类工程专业的基础、核心、主线，就首先应该为学生提供一个现实的大工程系统，供学生在学习的各个阶段亲身经历这个大工程系统的运行，实现理论与实践的密切结合。为此，我校秉承“忠诚进取，精工博艺”的办学传统，发扬“注重工程实践，突出制造技术”的人才培养特色，于2005年5月创建了“西安工业大学工业中心”，它由金工实习实践教学中心、机械制造基础实验室、电子工艺训练中心、机械制造基础教研室等优化组合而成。西安工业大学工业中心创建3年多来取得了丰硕的成果，主要体现在：树立了现代工程观，以人为本，遵循教育规律和人才培养规律的现代工程师培养理念；构建了由自然科学基础实验、工业系统认知训练、基础工程训练、现代工程系统训练和创新训练组成的五层次训练体系；先后出版了具有自身特色的现代工程教育丛书7部，其中2部教材获省部级优秀教材；形成了一套反映现代工程技术和训练体系的教学大纲、教学指导书、实习实验报告等；于2006年被授予陕西省综合性工程训练示范中心；“创建工业中心，探索现代工程师培养新途径”项目获得省级教学成果一等奖；先后发表了一批教学研究论文。

我校工业中心的长远发展目标是以实践论、认识论为理论基础，以现代工业大工程为背景，采用系统化的方法，将信息技术、控制技术贯穿于科学主导工程、理论回归到工程的全过程，全面体现工程科学、工程技术、工程管理的实际应用，使之成为现代工程师的工程科学认识基地、工程技术与管理训练基地、工程创新综合实验基地。

“现代工程教育丛书”由《通向现代工程师的桥梁》《工业系统认识》《机械制造基础工程训练》《现代制造技术工程训练》《电子产品制造工程训练》《工程训练指导与报告》和《机械制造基础》等组成。该套丛书从工业中心建立的理念，工程训练体系的构建到训练内容、训练项目的设计以及教学过程的组织，较全面地反映了我校以工业中心的创建为载体，开展高等工程教育改革的全过程。

参加编写本套丛书的既有长期从事工程训练教学的一线指导教师，也有相关领导、教学管理人员，从而大大提高了本套丛书指导实际工程实践教学的可操作性。作为这项工程教育改革的参与者，希冀本套丛书的出版能为我国工程教育改革带来一丝启发。

在本套丛书出版之际特写下这些感想，是为序。

西安工业大学副校长 张君安

2008年6月于西安工业大学未央校区

前言

随着经济全球化、科学技术综合化的发展，“工程”和“工程师”的概念和内涵正在发生变化，仅仅从研究、开发、设计、工艺、管理等狭窄的分工角度来区分和培养工程师，已经不能适应现代工程的性质和内涵及其对工程师的要求。现代工程师的内涵已经超出20世纪五六十年代设计工程师、工艺工程师的狭窄内容，已经向着“大工程”“系统工程”方向发展。这就要求工程教育培养的现代工程师应具备适应能力、发展能力和竞争能力；具备扎实的理论基础、广博的知识和合理的知识结构、较强的工程实践能力；具备大工程意识、创新意识以及运用规范的工程语言和各种技术信息资源解决工程实际问题的能力；具备一定的计划、决策、组织、协调和市场预测及应变能力；具有科学、务实、研究的思想作风和工作作风。

我国当前大学生主要来源于中学，受应试教育的影响，围绕升入大学这一实际和最具有吸引力的学习目标，学生在从小学开始到高中毕业这一相当长的学习阶段中，一直比较单纯地与学校、课堂、作业和考试打交道，极少参与社会实践和劳动实践，更谈不上参与工程实践，因此，在很大程度上脱离了社会实际、劳动实际和工程实际，对于刚踏入大学校门的学生，尤为迫切需要一个良好的工程实践环节来弥补以上不足。工业系统认知训练正是为实现这一目的而采取的工程素质教育中最基本的工程实践教学环节。在入学教育阶段，结合一年级专业素质教育，采用概论课、橱窗、展板、实物、模型、多媒体演示、动手拆装和现场参观相结合的直观、立体化训练方法，让学生初步了解完整的工业系统、典型产品系统、企业运行系统、先进制造技术及各专业最新的科技发展。对工业系统建立一个初步概念和感性认识，了解现代制造业的生产方式和工艺过程，从而了解、认识、热爱自己所学的专业。这种综合工程意识的初步建立，为学生步入社会，施展自己的聪明才智和实现远大抱负奠定了较为扎实的基础。

本书是工业系统认知训练的重要组成部分，在内容的组成上以数学、物理学、化学等自然科学为基础，以光学工程、材料科学与工程、机械工程、电工电子与通信工程、计算机科学与技术、建筑工程等典型工程科学技术为主体，以管理学、经济学、哲学、法律等人文与社会科学为外延，力图在横向上构建融科学、技术、经济、人文、社会等于一体的综合性“大工程”基本框架，体现科学与工程的支撑、工程技术之间的交叉、管理人文社会学科与工程技术的融合等现代工程素质教育的基本理念。在每一工程技术的纵向上，以该工程技术的产生、发展史、主要科学技术、研究前沿与发展趋势为逻辑线条，展现该工程技术领域较为完整的学科概貌，使学生对该学科有一个比较完整的认识。

本书是现代工程教育丛书之一，由张君安、马保吉主编，西安工业大学相关各学科院系的教师参加编写。西安工业大学教务处和西北工业大学出版社给予了大力帮助，在此致以衷心的感谢。书中还参考了相关的教材、专著和厂家的样本，在此对相关作者表示衷心的感谢。

限于编者的水平和经验，书中的缺点与疏漏敬请同行和读者批评指正。

编 者

2009 年 10 月

目录

第1章

自然科学

1.1 数　　学

1.1.1 数学发展简史

1. 数学的形成时期

公元前 600 年，人类在生产活动中逐渐掌握了计数的知识，会做加减乘除四则运算，具有了初步的算术知识（如出现了负数概念的萌芽），并且积累了几何方面的知识（如出现了勾股定理）。最值得一提的是算筹和十进位制系统的创立。有了它们，我们的祖先就不再会为没有合适的计算方法而发愁了。直到公元 618 年，人们一直用着这一套计算系统。

大约在公元 100 年时，《九章算术》中就明确提出了负数的概念以及正负数的运算。到公元 3 世纪时，我国著名数学家刘徽更加明确了负数的含义。

在古代人们是用算筹来记数的，刘徽把两种表示相反意义的算筹分别叫做正数和负数，并规定用红色的算筹表示正数，用黑色的算筹表示负数，很形象地把正数和负数区分开来。“正数”和“负数”这一对概念在我国沿用至今已有 2 000 多年的历史了，它是我国古代数学家对人类数学发展的重大贡献之一。而在西方，直到 17 世纪，负数才逐渐被人们所承认。

算筹是我国古代用来计数和计算的工具，产生于春秋时期，一般是由十几厘米长的竹签制成的，用它摆成不同的形式来表示不同的数。古代算筹的功能大致与后世的算盘珠相仿，用算筹表示数有横、纵两种形式，计算时按照数位一位一位地进行计算。

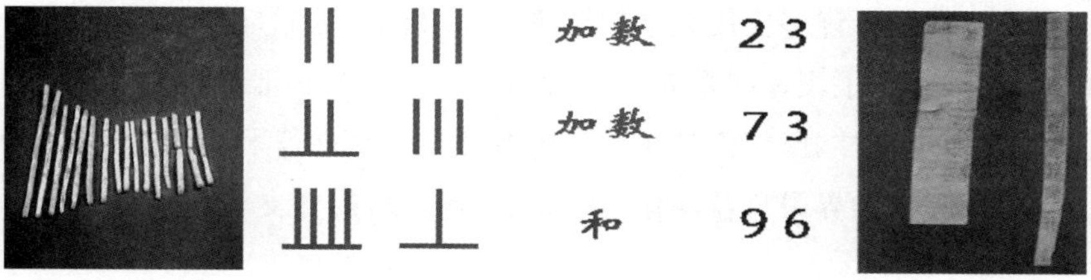

用算筹进行计算

2. 初等数学时期

公元前 600 年至 17 世纪中叶为初等数学时期。这一时期，几何知识逐步形成一个完整的体系，欧几里德的《几何原本》也随之诞生。此外，代数、三角、对数都有了完整的理论系统，成为独立的学科。在这一时期中，无理数也被发现。

《海岛算经》由我国三国时期的刘徽所著，最初是附于他所注的《九章算术》之后，唐初开始单本发行，体例是应用问题集的形式。全书共 9 题，全是利用测量来计算高深广远的问题，首题是测算海岛的高、远，因此得名。《海岛算经》是中国最早的一部有关测量的数学著作，亦为地图学的研究和发展提供了数学基础。

3. 变量数学时期

变量数学时期大约是自 17 世纪中叶至 19 世纪 20 年代。标志着这一时期数学发展的两件大事：一是笛卡儿引入了坐标并建立了解析几何的观念，它沟通了数学中两个基本研究对象——数与形——之间的联系，用代数运算去处理几何问题；二是牛顿与莱布尼兹两人同时独立地创立了微积分。

4. 近代数学时期

通常人们认为 19 世纪 20 年代至 20 世纪 40 年代为近代数学时期。在这一时期中，具有里程碑式的重大事件有罗巴切夫斯基几何的诞生，以及由于阿贝尔与伽罗瓦的贡献发展的群论，由此而产生了近世代数。此外，微分几何、复变函数论、拓扑学也逐渐形成各自的体系并有了长足的发展。

罗巴切夫斯基

阿贝尔

伽罗瓦

5. 现代数学时期

现代数学时期以 20 世纪 40 年代电子计算机的发明为标志而开始。一方面，数学的应用大大加强了，形成或发展了许多应用数学的学科，计算数学、运筹与控制、数学物理、经济数学、概率论与数理统计等都有了飞速的发展；另一方面，数学的核心部分，即原来意义下的数理逻辑、数论与代数、几何与拓扑、函数论与泛函分析及微分方程等学科，则向着更为抽象、更为综合的方向发展，学科分支的界限日益淡化，并出现了许多新的分支学科。

1.1.2 数学的分类

数学是研究现实世界数量关系和空间形式的科学，它是人类历史上诞生最早的学问之一。早在有人类文明的初期，由于计数和度量的实际需要，人们就积累了不少的数学知识。随着生产力和数学自身的不断发展，数学的研究范围不断扩大，内容更加广泛，逐步成为具有高度普遍性、严谨性、系统性的基础学科。

关于数学的分类，由于其内容十分庞杂，分支千河万川，迄今尚无公认的划分原则。就数学与实际需要的关系而言，数学大致可分为三大类，即纯粹数学、应用数学和计算数学。

1. 纯粹数学

纯粹数学又称基础数学，它研究从客观世界中抽象出来的数学规律的内在联系，也可以说是研究数学本身的规律。它大体上分为三大类，即研究空间形式的几何类、研究离散系统的代数类及研究连续现象的分析类。

(1)几何类。属于几何类的如微分几何、拓扑学。微分几何研究光滑曲线、曲面等，以微积分为研究工具。它在力学和一些工程问题(如弹性壳结构、齿轮等)中有着广泛的应用。拓扑学是研究几何图形在一对一的双方连续变换下不变的性质，这种性质称为拓扑性质。如画在橡皮膜上的图形，当橡皮膜受到变形但不破裂或折叠时，曲线的闭合性、两曲线的相交性等都保持不变。

(2)代数类。属于代数类的如数论、近世代数。数论是研究整数性质的一门学科。按研究方法的不同，大致可分为初等数论、代数数论、几何数论、解析数论等。近世代数是把代数学研究的对象由数扩大为向量、矩阵等，它研究更为一般的代数运算的规律和性质，它讨论群、环、向量空间等的性质和结构。近世代数有群论、环论、伽罗瓦理论等分支。

(3)分析类。属于分析类的如微分方程、函数论、泛函分析。微分方程是含有未知函数的导数或偏导数的方程。如未知函数是一元函数，则称为常微分方程；如未知函数是多元函数，则称为偏微分方程。函数论是实函数论(研究实数范围内的实值函数)和复变函数(研究在复数平面上的函数性质)的总称。泛函分析是综合运用函数论、几何学、代数学的观点来研究无限维向量空间(如函数空间)上的函数、算子和极限理论，它研究的不是单个函数，而是具有某种共同性质的函数集合。

2. 应用数学

应用数学是研究如何从现实问题中抽象出数学规律以及如何把已知的数学规律应用于现实的问题(如运筹学、数理统计)。运筹学是用数学方法来协助人们找出解决各种问题的最优方案，例如，怎样安排工序可使工程周期最短，怎样剪裁钢板可使材料最省。数理统计是用数学方法从客观存在的偶然现象中找出必然规律，例如，根据历史资料分析发生地震的可能性，根据水文记录预测洪水汛期，根据抽样检查判定某种产品的质量。

3. 计算数学

计算数学是在某一客观事物已有确切的数学描述后，研究如何计算出它的具体结果。计算数学的主要任务就是找出各种新的计算方法，其特点是近似、快速。现实生活中的大部分数学问题是不能求得精确解的，只能在计算过程中逐步接近它的精确答案，这叫近似解。解同一个问题，好方法和“笨”方法所需要的时间可相差几百、几千倍。甚至有这样的数学问题，只能用“理论上完善”的“笨”方法去解。电子计算机的出现，给计算数学带来了革命性的变化，许多过去做不到的事，现在很容易就做到了。例如，在几小时内统计出过去要几年才能统计出的天气预报数据，甚至在几秒钟内算出正在飞行的导弹的偏差，以便立即校准它的轨道。

1.1.3 数学家简介

华罗庚(1910—1985),中国数学家。他在众多数学领域中,都做出了卓越的贡献。

笛卡儿(1596—1650),法国哲学家、数学家和物理学家。他是解析几何奠基人之一。恩格斯把解析几何称为数学中的转折点。

费尔马(1601—1665),法国数学家、律师。他爱好数论,是微积分学的先驱,费尔马引理是从他研究的最值方法中提炼出来的。

牛顿(1642—1727),英国数学家、物理学家、天文学家和自然科学家。他在数学上的卓越贡献是创立了微积分。

莱布尼兹(1646—1716),德国数学家、哲学家。他与牛顿同为微积分的创始人,他还系统地阐述了二进制计数法。

伯努利(1654—1705),瑞士数学家。他给出了曲率半径公式,提出了著名的伯努利方程、伯努利大数定律。

洛必达(1661—1704),法国数学家。他著有《无穷小分析》,书中提出了求未定式极限的方法——洛必达法则。

泰勒(1685—1731),英国数学家。1712 年他就得到了现代形式的泰勒公式。他是有限差分理论的奠基人。

麦克劳林(1698—1746),英国数学家。他在著作《流数论》中给出了麦克劳林级数。

欧拉(1707—1783),瑞士数学家。他的最大贡献是扩展了微积分的领域,为分析学的重要分支的产生和发展奠定了基础。

拉格朗日(1735—1813),法国数学家。他的重要贡献是在方程论、解析函数论及数论等方面。

傅里叶(1768—1830),法国数学家。他在著作《热的解析理论》中,系统运用的方法被称为傅里叶级数和傅里叶积分。

高斯(1777—1855),德国数学家、天文学家和物理学家。他有“数学王子”的美誉,并被誉为历史上最伟大的数学家之一,与阿基米德、牛顿、欧拉同享盛名。

柯西(1789—1857),法国数学家。他的贡献主要集中在微积分学、复变函数和微分方程方面。

阿贝尔(1802—1829),挪威数学家。他研究发现阿贝尔群,得到了一些审敛准则及幂级数求和定理。

雅可比(1804—1851),德国数学家。他在代数学、变分法、复变函数、微分方程、分析力学、动力学、数学物理方程等方面均有贡献。

狄利克雷(1805—1859),德国数学家。他对数论、数学分析和数学物理有突出的贡献,是解析数论的创始人之一。

维尔斯特拉斯(1815—1897),德国数学家。他引进了极限的 $\varepsilon-\delta$ 定义,给出了连续函数的严格定义及性质,为分析学的算术化作出了重要贡献。

1.2 物　　理

1.2.1 物理学概论

物理学概览

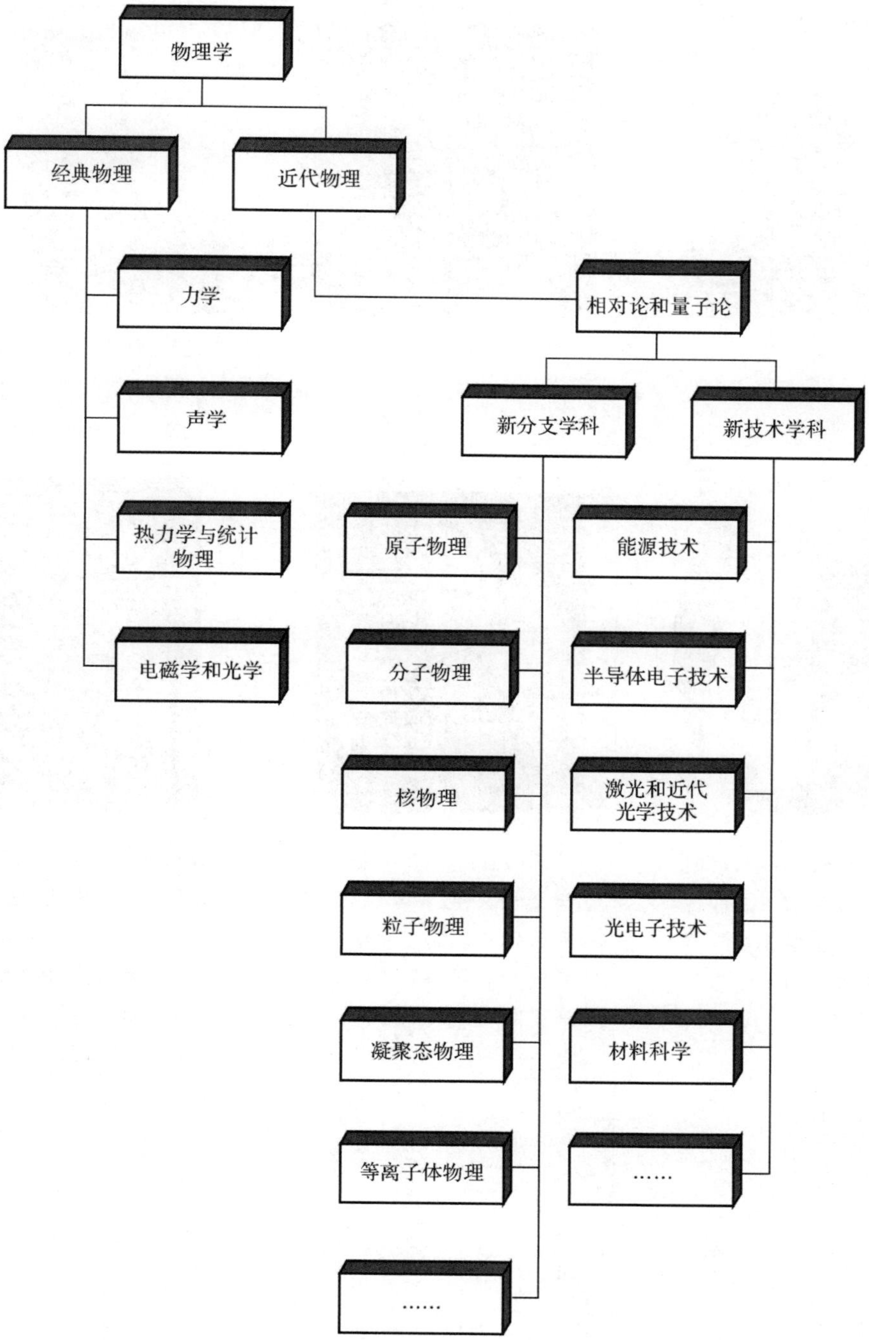

1.2.2 经典力学

经典力学是研究宏观物体做低速机械运动的现象和规律的学科。宏观是相对于原子等微观粒子而言的，低速是相对于光速而言的。物体的空间位置随时间变化称为机械运动。人们日常生活直接接触到的并首先加以研究的都是宏观低速的机械运动。

经典力学一些代表性的仪器、理论及人物如下所示。

古埃及的桔槔汲水图

地动仪

伽利略望远镜

阿基米德（约公元前287—公元前212），古希腊物理学家、数学家，静力学和流体力学的奠基人。

开普勒（1571—1630），德国著名天文学家、数学家、物理学家和哲学家。他以数学的和谐性探索宇宙，在天文学方面做出了巨大贡献。

伽利略（1564—1642），意大利伟大的物理学家和天文学家，开创了以实验事实为基础并具有严密逻辑体系和数学表述形式的近代科学，被誉为“近代科学之父”。

牛顿(1642—1727),英国数学家、物理学家,经典物理学的奠基人。他在力学、光学、热学、天文学和数学等学科中都有重大发现,其代表作《自然哲学的数学原理》是力学的经典著作。牛顿是近代自然科学奠基时期具有集前人之大成的贡献的伟大科学家。

哥白尼(1473—1543),波兰天文学家,太阳中心说的创始人,近代天文学的奠基人。

拉格朗日(1735—1813),法国数学家、物理学家。拉格朗日法(随体法)直接采用牛顿质点力学方法,把流体分成许多流体质元,每个流体质元服从牛顿定律,跟踪并研究每一个流体质元的运动情况,把它们综合起来,掌握整个流体的运动规律。

欧拉(1707—1783),瑞士数学家、力学家、天文学家和物理学家。欧拉法(当地法)研究各流体质元的速度、压强、密度等物理量对流经的空间及时间的分布规律,即从场的观点、整体上来把握流体的运动。

1.2.3　量子物理

1. 奇妙的量子物理世界

一个世纪前,物理大厦在狂风暴雨下轰然坍塌,却又在熊熊烈焰中得到了洗礼和重生。在短暂的二三十年中,最革命的思潮席卷大地,带来了让人惊骇的电闪雷鸣,同时却又展现出震撼人心的美丽,而这种胜景仍旧延存……

现代文明——电脑、激光、电视、手机、核能、航天和生物技术等,几乎没有哪个领域不依赖于量子论。在哲学观上,量子论带给了我们前所未有的冲击和震动,甚至改变了整个物理世界的基本思想。它的观念是如此革命，乃至最不保守的科学家都在潜意识里对它怀有深深的惧意。现代文明的繁盛是理性的胜利，而量子论无疑是理性的最高成就之一。

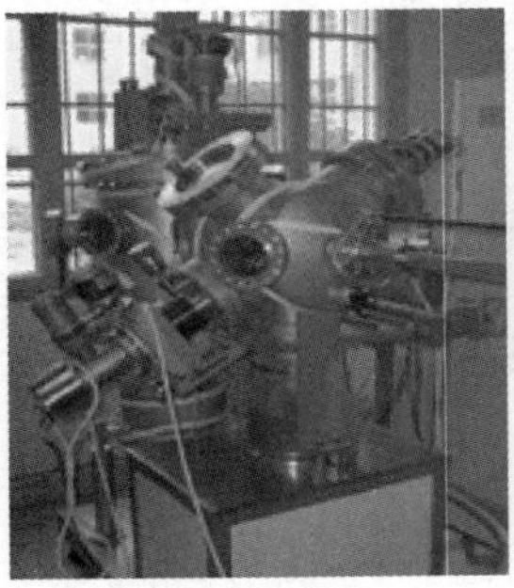

扫描隧道显微镜——观察固体表面原子情况的显微镜。

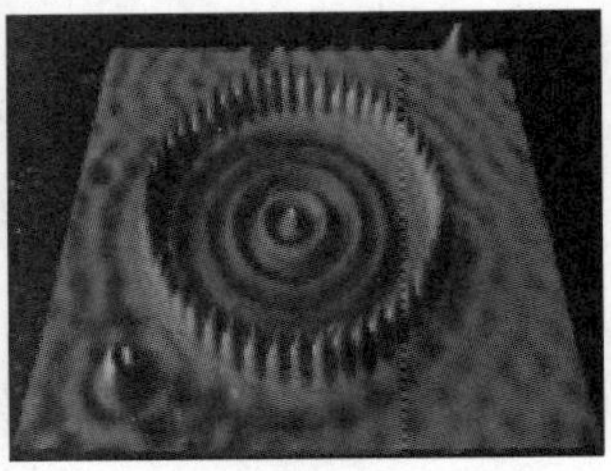

48 个 Fe 原子形成“量子围栏”，围栏中的电子形成驻波。

激光

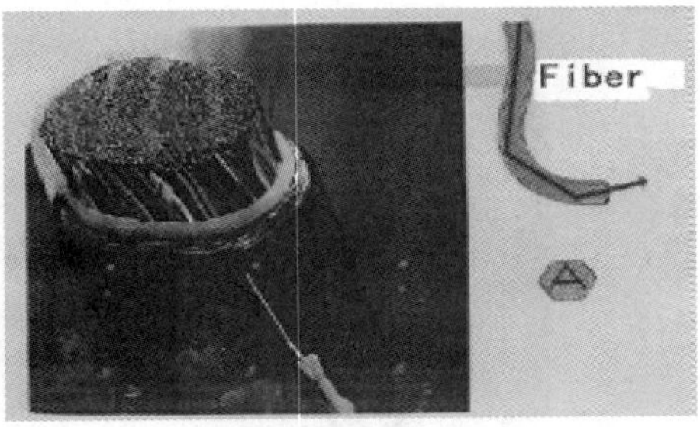

一根极细的光纤能承载的信息量，相当于图片中这么粗的电缆所能承载的信息量。

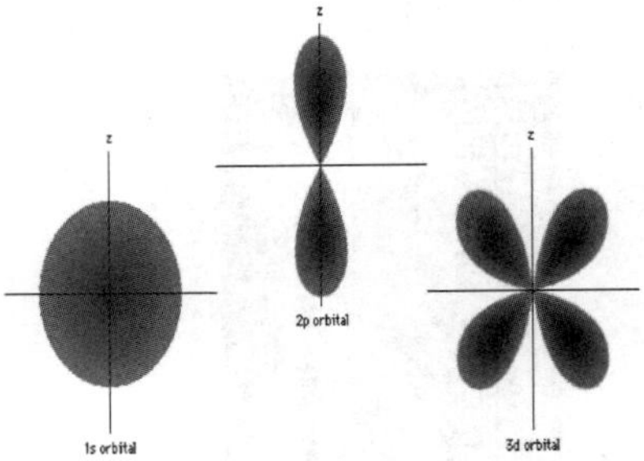

氢原子电子云

老妇？少妇？（两种图像不会同时出现在你的视觉中）

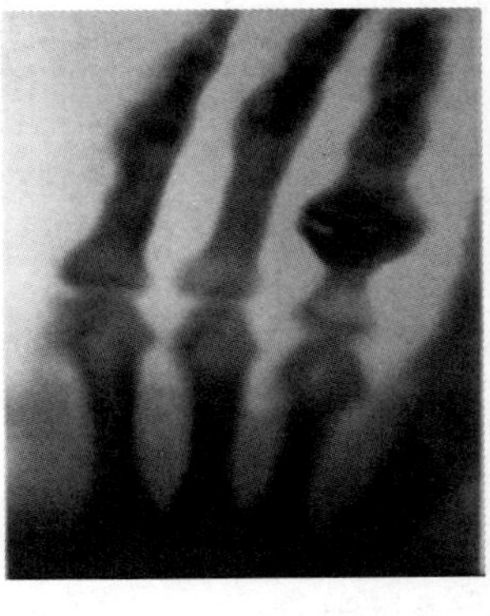

第一张 X 射线照片。

2. 群星云集

在 20 世纪，没有一个学科能够像量子物理那样在短短的几十年，聚集如此众多的灿烂巨星！

1927 年第五届索尔威会议

20 世纪 60 年代初，对发明激光有贡献的三位科学家(1964 年获诺贝尔物理奖)：汤斯、巴索夫、普罗恰洛夫。

汤斯

巴索夫

普罗恰洛夫

1.2.4　相对论

在狭义相对论中，空间和时间是彼此密切联系的统一体，空间距离是相对的，时间也是相对的；质量和能量是可以相互转化的。

根据广义相对论，空间、时间的弯曲结构决定于物质的能量密度、动量密度在空间、时间中的分布，而空间、时间的弯曲结构又反过来决定物体的运行轨道。

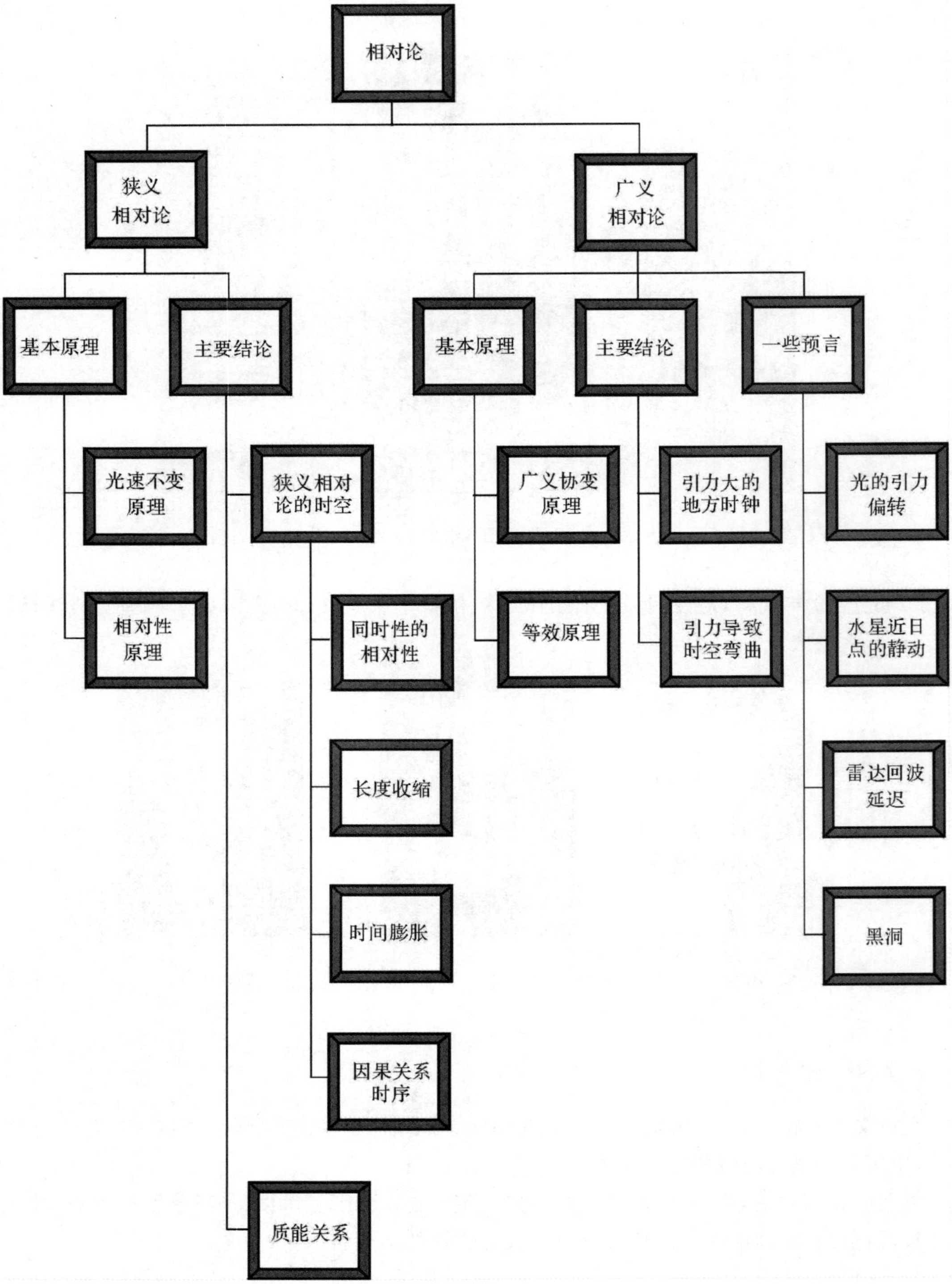
相对论
狭义相对论
广义相对论
基本原理
主要结论
基本原理
主要结论
一些预言
光速不变原理
相对性原理
狭义相对论的时空
同时性的相对性
长度收缩
时间膨胀
因果关系时序
质能关系
广义协变原理
等效原理
引力大的地方时钟
引力导致时空弯曲
光的引力偏转
水星近日点的静动
雷达回波延迟
黑洞

相对论概念框图

爱因斯坦(1879—1955),美国物理学家,1921 年由于他在光电效应方面的工作获诺贝尔物理学奖。

科学业绩:早期对布朗运动的研究;狭义相对论的创建;推动量子力学的发展;建立了广义相对论;提出原子的受激辐射理论;开辟了宇宙论的研究途径。

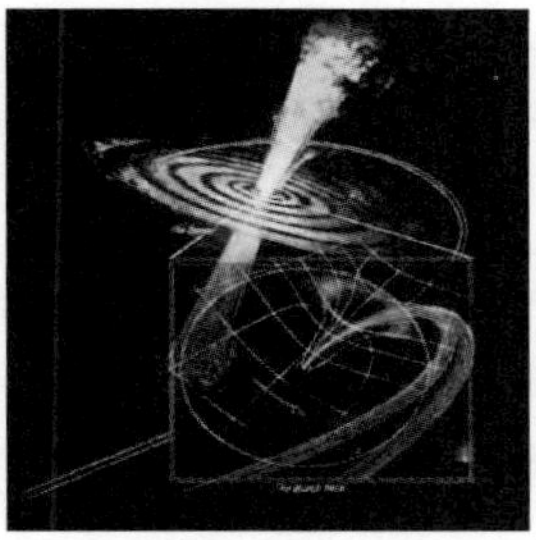

地球周围引力场和时空结构拖曳扭曲时的情形。

幻想从星系 NGC4261 核心附近的一颗行星上看到的夜空,这颗行星注定被黑洞所吞噬。

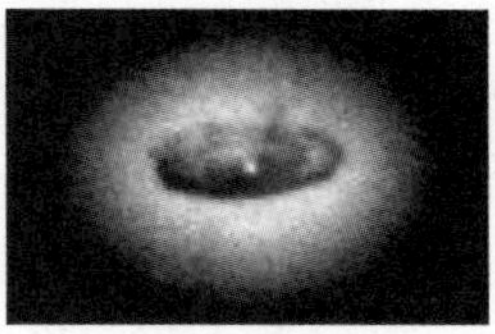

星系 NGC4261 内黑洞周围的尘埃圆盘。

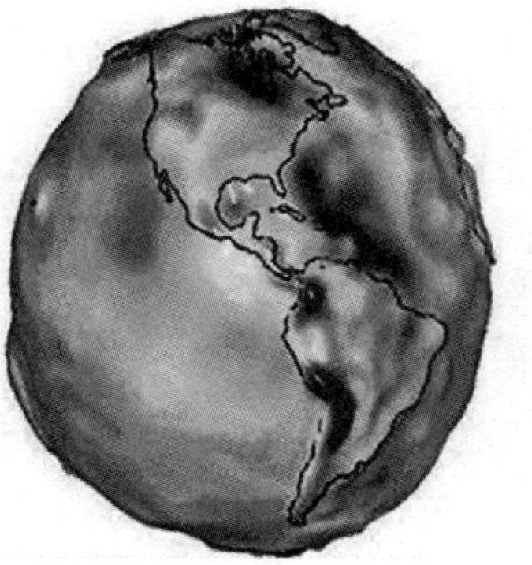

地球上物质密度各处存在差异,使得地球重力场并不均匀,增加了判断时空扭曲存在难度。NASA“葛雷斯”重力探测卫星得出的地球重力分布图,深色代表高重力区域,浅色则代表低重力区。

美发射引力探测器验证相对论。

宇宙中黑洞旋转引发的时空扭曲效应，以及黑洞物质猛烈喷射时的场景。

时间膨胀

1.3 化 学

1.3.1 化学发展史

人类社会一开始便与化学结下了不解之缘。钻木取火，用火烧煮食物，烧制陶器，冶炼青铜器和铁器，都是化学技术的应用。正是这些应用，极大地促进了当时社会生产力的发展，成为人类社会进步的标志。

今天，化学作为一门基础学科，在科学技术和社会生活的方方面面起着越来越大的作用。从古至今，伴随着人类社会的进步，化学历史的发展经历了以下时期：

(1)化学的萌芽时期。这一时期人类的制陶、冶金、酿酒、染色等工艺主要是在实践经验的直接启发下经过几千年的摸索而来的，化学知识还没有形成。

(2)炼丹术和医药化学时期。从公元前 1500 年到公元 1650 年，炼丹术士和炼金术士们在皇宫、教堂、自己的家里或在深山老林的烟熏火燎中，或为求得长生不老的仙丹，或为求得荣华富贵的黄金，开始了最早的化学实验。

(3)燃素化学时期。从 1650 年到 1775 年，随着冶金工业和实验室经验的积累，人们总结感性知识，认为可燃物能够燃烧是因为它含有燃素，燃烧的过程是可燃物中燃素释放的过程，可燃物放出燃素后成为灰烬。

(4)定量化学时期。1775 年前后，拉瓦锡用定量化学实验阐述了燃烧的氧化学说，开创了定量化学时期。这一时期创立了不少化学基本定律，如原子学说的提出，元素周期律的发现，有机结构理论的发展等。所有这一切都为现代化学的发展奠定了坚实的基础。

(5)现代化学时期。20 世纪初，量子论的发展使化学和物理学有了共同的语言，解决了化学上许多悬而未决的问题；此外，化学又向生物学和地质学等学科渗透，使蛋白质、酶的结构问题得到逐步解决。

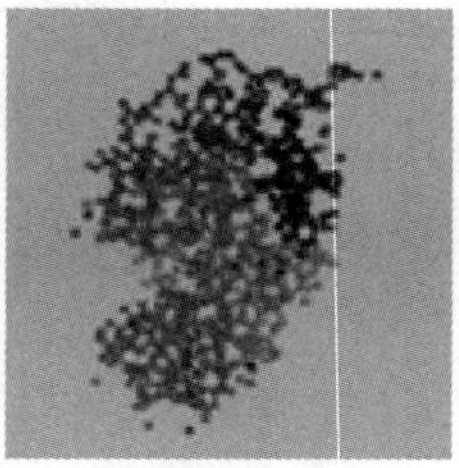

蛋白质的立体结构

氨酰- tRNA 合成酶

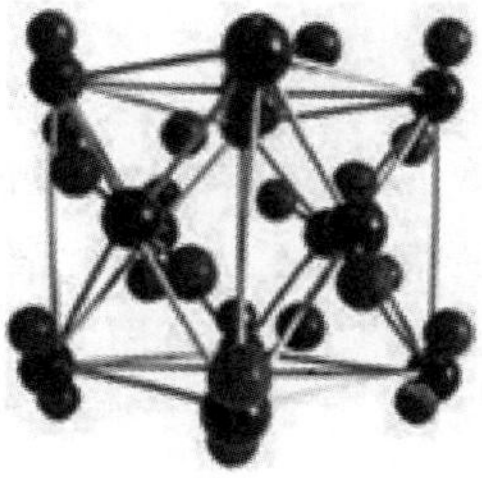

干冰晶体结构模型

化学的发展可谓是日新月异，尤其是它的边缘学科或者说是它的分支学科，譬如生物化学、物理化学、晶体化学等的发展更令人目不暇接。

1.3.2 化学元素周期表

门捷列夫(1834—1907)，他对化学这一学科发展的最大贡献在于发现了化学元素周期律。门捷列夫除了发现元素周期律外，还研究过气体定律、气象学、石油工业、农业化学、无烟火药、度量衡等。由于他的辛勤劳动，在这些领域都不同程度地做出了成绩。

族 / 周期	$\mathrm{I_A}$	$\mathrm{II_A}$	$\mathrm{III_B}$	$\mathrm{IV_B}$	$\mathrm{V_B}$	$\mathrm{VI_B}$	$\mathrm{VII_B}$	VIII			$\mathrm{I_B}$	$\mathrm{II_B}$	$\mathrm{III_A}$	$\mathrm{IV_A}$	$\mathrm{V_A}$	$\mathrm{VI_A}$	$\mathrm{VII_A}$	0	电子层	0族电子数
1	1 H 氢																	2 He 氦	K	2
2	3 Li 锂	4 Be 铍											5 B 硼	6 C 碳	7 N 氮	8 O 氧	9 F 氟	10 Ne 氖	L K	8 2
3	11 Na 钠	12 Mg 镁											13 Al 铝	14 Si 硅	15 P 磷	16 S 硫	17 Cl 氯	18 Ar 氩	M L K	8 8 2
4	19 K 钾	20 Ca 钙	21 Sc 钪	22 Ti 钛	23 V 钒	24 Cr 铬	25 Mn 锰	26 Fe 铁	27 Co 钴	28 Ni 镍	29 Cu 铜	30 Zn 锌	31 Ga 镓	32 Ge 锗	33 As 砷	34 Se 硒	35 Br 溴	36 Kr 氪	N M L K	8 18 8 2
5	37 Rb 铷	38 Sr 锶	39 Y 钇	40 Zr 锆	41 Nb 铌	42 Mo 钼	43 Tc 锝	44 Ru 钌	45 Rh 铑	46 Pd 钯	47 Ag 银	48 Cd 镉	49 In 铟	50 Sn 锡	51 Sb 锑	52 Te 碲	53 I 碘	54 Xe 氙	O N M L K	8 18 18 8 2
6	55 Cs 铯	56 Ba 钡	57-71 La-Lu 镧系	72 Hf 铪	73 Ta 钽	74 W 钨	75 Re 铼	76 Os 锇	77 Ir 铱	78 Pt 铂	79 Au 金	80 Hg 汞	81 Tl 铊	82 Pb 铅	83 Bi 铋	84 Po 钋	85 At 砹	86 Rn 氡	P O N M L K	8 18 32 18 8 2
7	87 Fr 钫	88 Ra 镭	89-103 Ac-Lr 锕系	104 Rf 𬬻*	105 Db 𬭊*	106 Sg 𬭳*	107 Bh 𬭛*	108 Hs 𬭶*	109 Mt 鿏*	110 Ds 𫟼*	111 Uuu *	112 Uub *								

镧系	57 La 镧	58 Ce 铈	59 Pr 镨	60 Nd 钕	61 Pm 钷*	62 Sm 钐	63 Eu 铕	64 Gd 钆	65 Tb 铽	66 Dy 镝	67 Ho 钬	68 Er 铒	69 Tm 铥	70 Yb 镱	71 Lu 镥
锕系	89 Ac 锕	90 Th 钍	91 Pa 镤	92 U 铀	93 Np 镎	94 Pu 钚	95 Am 镅*	96 Cm 锔*	97 Bk 锫*	98 Cf 锎*	99 Es 锿*	100 Fm 镄*	101 Md 钔*	102 No 锘*	103 Lr 铹*

化学元素周期表

元素周期表是元素周期律的表达形式，能够集中反映各元素之间的内在联系和递变关系，直观地表达元素的部分性质，因而是化学工作者进行科学思维和推理的指南，又是帮助学生涉入化学世界的重要工具。现在通用的元素周期表中，元素是按照原子序数排列的，最小的排行最先。表中一行称为一个周期，共有 7 个周期；一列称为一个族，分为 18 个族。随着科学的发展及认识的不断深化，人们研制出了多种类型的元素周期表，使其进一步趋于合理化和科学化。

1.3.3 无机化学

无机化学是研究无机物质的组成、性质、结构和反应的科学，它是化学中最古老的分支学科。无机物质是指化学元素和由化学元素形成的化合物。由于从最初化学所研究的对象(如远古的制陶、炼铁)到第一个化学物质的合成多为无机物，因此近代无机化学的建立就标志着近代化学的开始。经过科学工作者的努力，无机化学也形成了自身比较完善的化学键的理论体系，主要由价键理论、分子轨道理论和配位场理论构成。这三个基本理论是现代无机化学的理论基础。

硅单晶材料

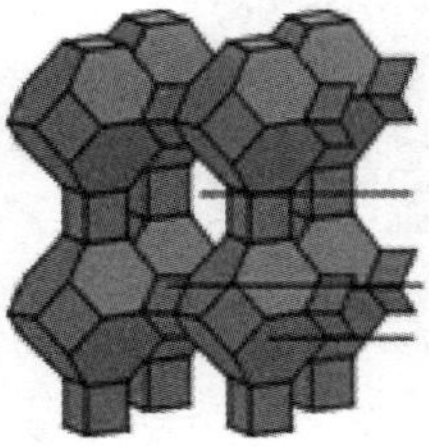
分子筛

21 世纪的无机化学，研究的焦点为新型无机材料、超分子化学、光电功能配合物、生物无机化学、纳米材料等。这些材料在汽车工业、机械工业、能源工业、信息产业、生物医疗技术、宇航工业等方面有着广泛的应用。

隐形飞机

人造金刚石

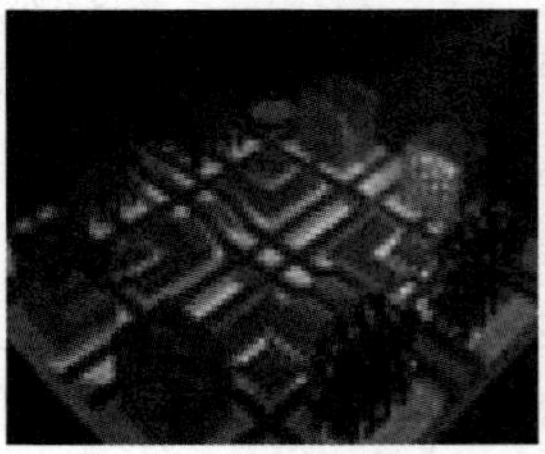
光子带隙材料

1.3.4 有机化学

有机化学是研究有机化合物的组成、结构、性能及其变化规律的科学。它和人类的生活与发展紧密联系着，其中，有积极的一面，也有消极的一面。

糖精是商业上使用最早的合成有机化合物之一。它的甜度是食用糖的 300～500 倍。已经证明糖精是一种能挽救无数糖尿病患者的“救生员”，并且对那些需要控制摄入热量的人们具有重要价值。深入的研究表明，纯的糖精是安全的，而其有害的部分是其中的杂质。

在过去的几个世纪中，使用 DDT 控制昆虫传播疾病及其数量，挽救了数以万计人的生命及提高了农作物的产量。DDT 主要是杀死大量疟蚊，而疟蚊是大量病毒的携带者。尽管 DDT 对哺乳动物的毒性比较低，但其生物降解非常困难，在食物链中的积累会对鸟类和鱼类产生危害，因此各国纷纷对其禁用，进而发展了可降解的绿色农药和转基因作物。

其实，自然界中许多奇异的现象也多与有机化学有关，比如生物发光。萤火虫是大家熟悉的陆地发光生物，其发光的原因主要是由于体内产生的 1，2 -二氧杂环丁烷所致。

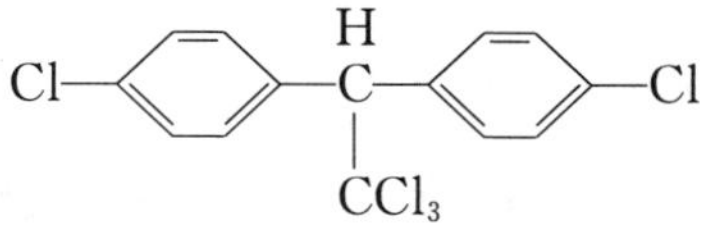

1，1，1 -三氯- 2，2 -二(4 -氯苯基)乙烷(DDT)

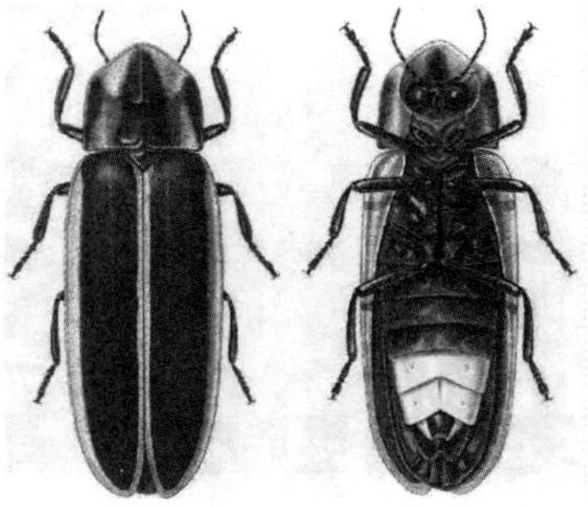

萤火虫

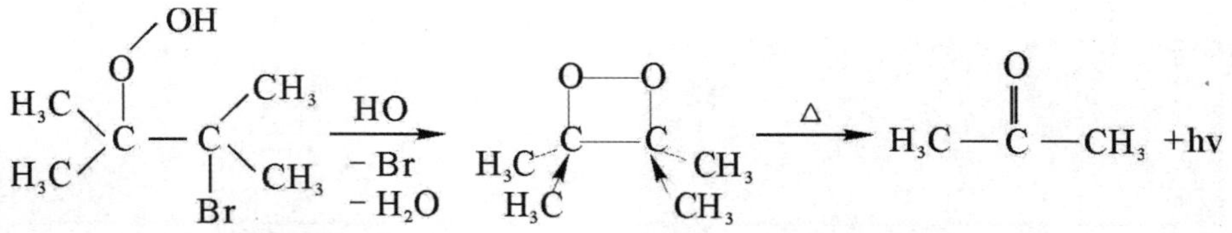

2 -溴氢过氧化物　　3，3，4，4 -四甲基- 1，2 -二氧杂环丁烷　　丙酮

在人们的现实生活中，烹饪时常加一些葱属的调味料，诸如大蒜、洋葱、大葱等。这些物质之所以能调味都与有机化学有关。就大蒜而言，压榨大蒜能释放出一种酶，后者经亚砜转化为次磺酸中间体。这个中间体二聚脱水后就形成了一种有气味的物质——蒜素，一种很好的抗菌剂。大蒜制剂能用于治疗斑疹伤寒症、霍乱、痢疾和肺结核等疾病。大蒜能降低胆固醇，阻止血小板聚集，对心血管疾病的治疗也大有裨益。

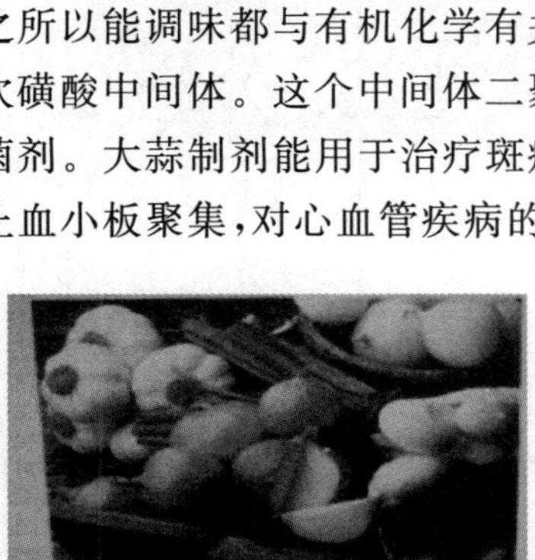

葱属类物质

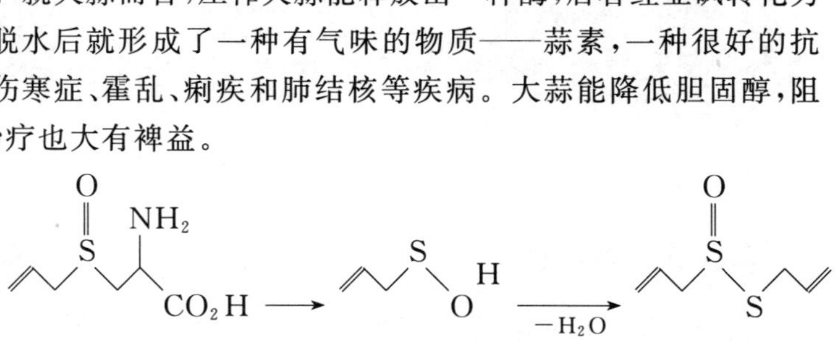

总之，有机化学及化合物的发展关系重大，需要大家的共同努力，才能扬长避短，开拓出有机化学的美好天空。

1.3.5 分析化学

分析化学是化学及相关专业四大基础课程之一，是获取物质化学信息，研究物质的组成、状态和结构的一门独立学科。分析化学将化学与数学、物理学、生物学、计算机科学、环境科学、医学结合起来，通过各种方法和手段，获取分析数据，从而得到有关物质的组成、结构和性质的信息，揭示物质世界的真相。

自20世纪70年代以来，以计算机为主要标志的信息时代的到来，使得微区分析、薄层分析、无损分析、瞬时追踪、在线监测及过程控制等过去的分析难题迎刃而解。分析化学广泛吸取了当代科学技术的最新成果，成为当代最富活力的学科之一。

分析化学根据测试目的的不同，分为定性分析和定量分析；根据分析方法的不同，分为化学分析法和仪器分析法。

定性分析：主要是确定物质的化学组成、结构及形态的分析方法。

定量分析：主要是确定待测物中各种组成成分含量的分析方法。

化学分析：是以化学反应为基础的分析方法，主要有滴定分析和质量分析法。

仪器分析：是以物质的物理化学性质为基础的分析方法。仪器分析法操作简便快捷、精密度高，现在广泛地应用于科学领域。

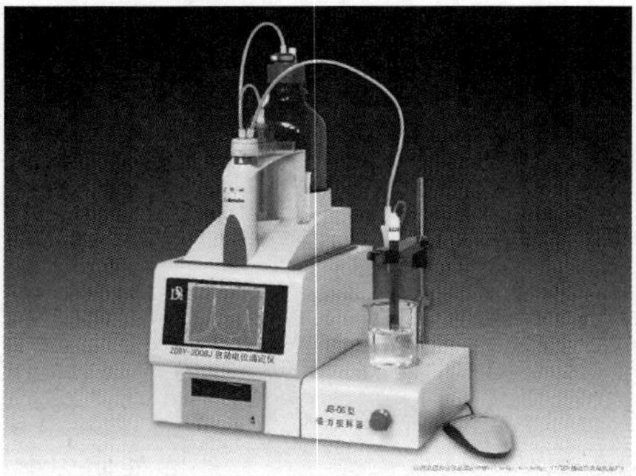

自动电位滴定仪

原子吸收光谱仪

1.3.6 物理化学

物理化学是以物理的原理和实验技术为基础，研究化学体系的性质和行为，发现并建立化学体系中特殊规律的学科。

物理化学主要研究化学体系的宏观平衡性质(分支学科有化学热力学，溶液、胶体和表面化学)，化学体系的微观结构和性质(分支学科有结构化学和量子化学)，化学体系的动态性质(分支学科有化学动力学，催化、光化学和电化学)三个方面。

物理化学正式作为一门学科是从1877年德国化学家奥斯特瓦尔德和荷兰化学家范托夫创办的《物理化学杂志》开始的。从这一时期到20世纪初，物理化学以化学热力学的蓬勃发展为其主要特征。20 世纪 20～40 年代是结构化学领先发展的时期，这时的物理化学研究已深入到微观的原子和分子世界，改变了对分子内部结构的复杂性茫然无知的状况。第二次世界大战后到 20 世纪 60 年代期间，物理化学以实验研究手段和测量技术，特别是各种谱学技术的飞跃发展和由此而产生的丰硕成果为其主要特点。60 年代，激光器的发明和不断改进的激光技术成为物理化学发展的主题。大容量高速电子计算机的出现以及微弱信号检测手段的发明孕育着物理化学中新的生长点。70 年代以来，分子反应动力学、激光化学和表面结构化学代表着物理化学的研究前沿，研究对象从一般键合分子扩展到准键合分子、范德瓦耳斯分子、原子簇、分子簇和非化学计量化合物。在实验中不但能控制化学反应的温度和压力等条件，还能对反应物分子的内部量子态、能量和空间取向实行控制。

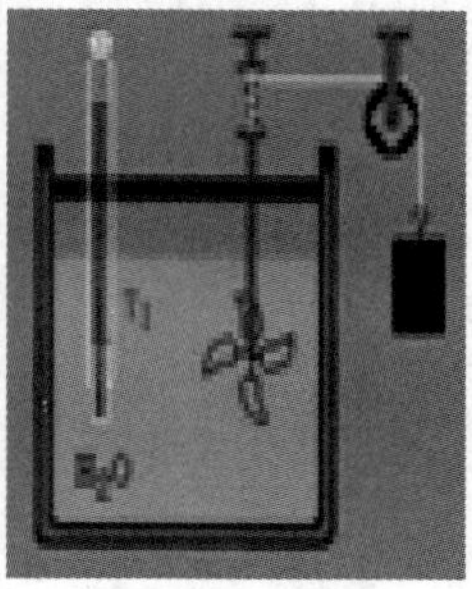

热功当量

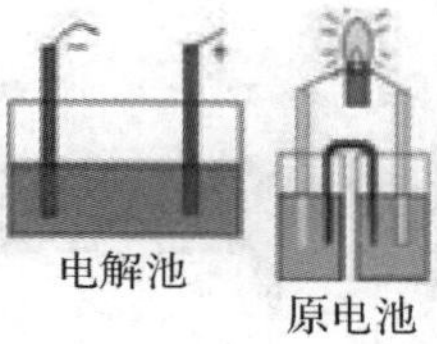

电化学装置

1.3.7　趣味化学

1. 番茄电池

实验原理：

番茄汁显酸性，当在番茄里平行地插入铜片和锌片时，形成原电池。

实验用品：

导线、灵敏电流计。

番茄、铜片、锌片。

实验步骤：

(1)取两个半熟的番茄，相隔一定距离，分别插入铜片和锌片。

(2)按下图所示，用导线将铜片与锌片及电流计相连，观察现象。

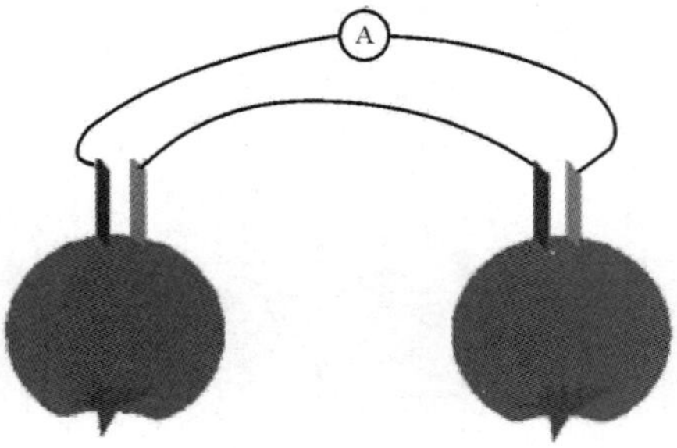

番茄电池

2. 火造纸币

魔术师表演的"火造纸币"是非常有趣的。在纸币上贴上一层火药棉，看起来跟白纸没什么区别。火药棉在化学上叫做硝化纤维，把火药棉溶解在乙醚和乙醇的混合液中，便制成了火棉胶，把火棉胶涂在纸币票面上，于是一张"白纸"便造成了。这种火药棉的燃点很低，一碰到火星便瞬间燃烧掉。它燃烧速度快得惊人，甚至燃烧时产生的热量还没有来得及传出去就已经全部烧光了。所以，涂上火棉胶的纸币受到热的袭击，外层的火药棉就立刻燃光了，而纸币却安然无恙。

火造纸币

茜素的合成

3. 茜素的合成

茜草中的茜素是蒽的衍生物——二羟基蒽醌。早期苯分子的环状结构还没有提出，苯胺紫的结构当然无从确定。1868 年，在新的有机结构理论指导下，德国化学家格雷贝和里贝曼合作，他们以煤焦油中的蒽为原料，合成了茜素。第二年，茜素就投入工业化生产。

在合成茜素 10 年后，德国化学家拜耶尔初步判明了靛蓝的结构，并在实验室中合成了它。在对染料的研究过程中，拜耶尔提出了著名的碳环张力学说——五元环和六元环的内角接近 $109^{\circ}28'$ 而稳定。他因此获得了 1905 年的诺贝尔化学奖。

第 2 章

光学工程

2.1 光学的发展史

光学的发展大致分为 5 个时期：萌芽时期、几何光学时期、波动光学时期、量子光学时期和现代光学时期。

2.1.1 光学萌芽时期

光学的起源可以追溯到春秋战国时期。这一时期墨翟（公元前 468—公元前 376）及其弟子所著的《墨经》中就记载着光的直线传播（影的形成和针孔成像等）和光在镜面（凹面和凸面）上的反射等现象，并提出了一系列经验规律，把物和像的位置及其大小与所用镜面的曲率联系起来。无论就时间还是就科学性来讲，《墨经》称得上是有关光学知识的最早记录。比《墨经》迟 100 多年，在希腊数学家欧几里德（Euclid，公元前 330—公元前 275）所著的《光学》一书中，研究了平面镜成像问题，指出反射角等于入射角的反射定律，但他却同时提出了将光当做类似触须的投射学说。

从墨翟开始的 2 000 多年的漫长岁月构成了光学发展的萌芽时期，在此期间，光学发展比较缓慢。除了对光的直线传播、反射和折射等现象的观察和实验外，在生产和生活需要的推动下，在光的反射和透镜的应用方面，逐渐有了一些成果。到 15 世纪末和 16 世纪初，凹面镜、凸面镜、眼镜、透镜以及暗箱和幻灯等光学元件相继出现。

2.1.2 几何光学时期

几何光学时期可以称为光学发展史上的转折点。在这个时期，建立了光的反射定律和折射定律，奠定了几何光学的基础。同时为了提高人眼的观察能力，人们发明了光学仪器，第一架望远镜的诞生促进了天文学和航海事业的发展，显微镜的发明给生物学的研究提供了强有力的工具。

荷兰的李普塞在 1608 年发明了第一架望远镜。17 世纪初，延森和冯特纳最早制作了复合显微镜。到 17 世纪中叶，几何光学的基础已基本上奠定。

17 世纪下半叶，在以牛顿为代表的微粒说占统治地位的同时，由于相继发现了干涉、衍射和偏振等光的波动现象，以惠更斯为代表的波动说也初步提了出来。因此，这个时期也可以说是从几何光学向波动光学过渡的时期，是人们对光的认识逐步深化的时期。

望远镜物镜、目镜组

2.1.3 波动光学时期

到了19世纪，初步发展起来的波动光学的体系已经形成。杨氏和菲涅耳的著作在这时起着决定性的作用。1801年，杨氏做了著名的“杨氏双缝干涉实验”，还第一次成功地测定了光的波长。1815年，菲涅耳补充了惠更斯原理，形成了人们所熟知的惠更斯-菲涅耳原理。1808年马吕斯发现光的偏振现象。1845年，法拉第发现了光的振动面在强磁场中的旋转，从而揭示了光学现象和电磁现象的内在联系。麦克斯韦在1865年的理论研究中指出，光是一种电磁现象。这个理论在1888年被赫兹的实验所证实，使人们在认识光的本性方面向前迈出了一大步。

托马斯·杨

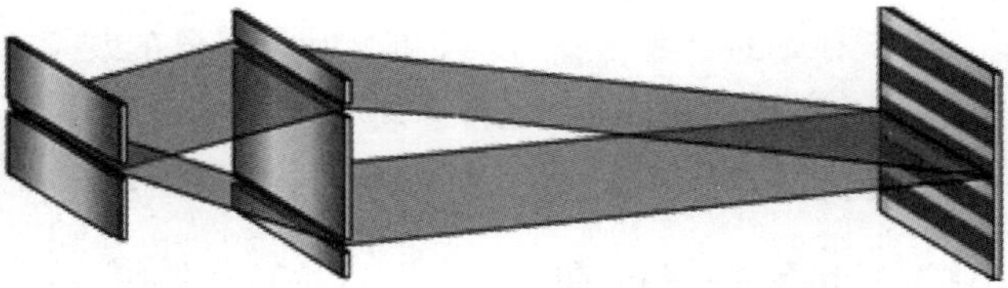

杨氏双缝干涉实验原理图

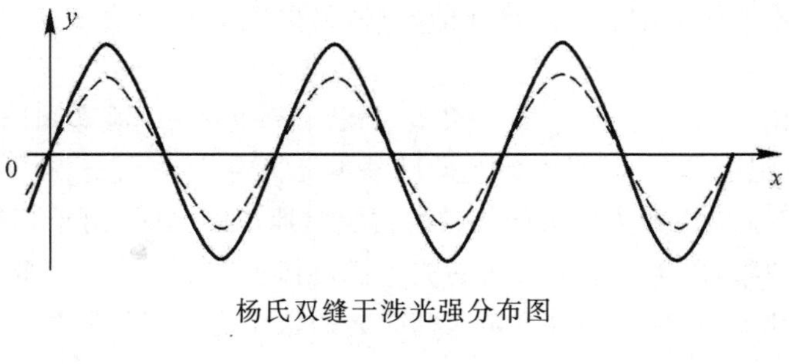

杨氏双缝干涉光强分布图

2.1.4　量子光学时期

19 世纪末到 20 世纪初，光学的研究深入到光的发生、光和物质相互作用的微观机制中。光的电磁理论的主要困难是不能解释光和物质相互作用的某些现象，例如光电效应。1900 年，普朗克提出了辐射的量子论，开始了量子光学时期。1905 年，爱因斯坦发展了普朗克的能量子假设，把量子论贯穿到整个辐射和吸收过程中，提出了杰出的光量子(光子)理论，圆满地解释了光电效应。1924 年，德布罗意创立了物质波学说，即波粒二象性。1925 年，玻恩提出的波粒二象性的概率解释建立了波动性和微粒性之间的联系。光和一切微观粒子都具有波粒二象性，这个认识促进了原子核和粒子研究的发展，也推动人们去进一步探索光和物质的本质，包括实物和场的本质问题。

爱因斯坦

2.1.5　现代光学时期

从 20 世纪 60 年代起，特别在激光问世以后，由于光学与许多科学技术紧密结合、相互渗透，一度沉寂的光学又焕发了青春，以空前的规模和速度发展起来。它已成为现代物理学和现代科学技术中一块重要的前沿阵地，同时又派生出许多崭新的分支学科。

同步辐射光源的出现，是继电光源、X 射线光源、激光光源之后光学领域中的又一革命性事件。

全息摄影技术已在全息显微术、信息存储、像差平衡、信息编码、全息干涉量度、声波全息和红外线全息等方面获得了越来越广泛的应用。

光学纤维已发展成为一种新型的光学元件，为光学窥视(传光、传像)和光通信的实现创造了条件。

激光器

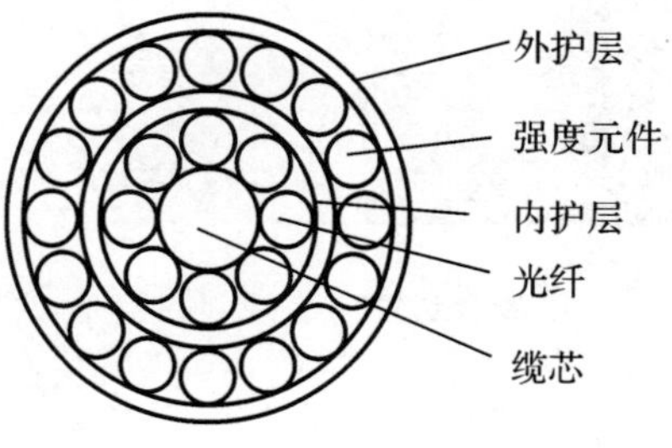

光缆

现代光学系统

2.2 光学元件的加工

2.2.1 典型光学元件

目前典型的光学元件有透镜、棱镜、非球面镜、平面镜、反射镜、滤光片、偏振片、波片等。各种光学元件广泛应用于显微镜、照相机、望远镜等光学仪器中。

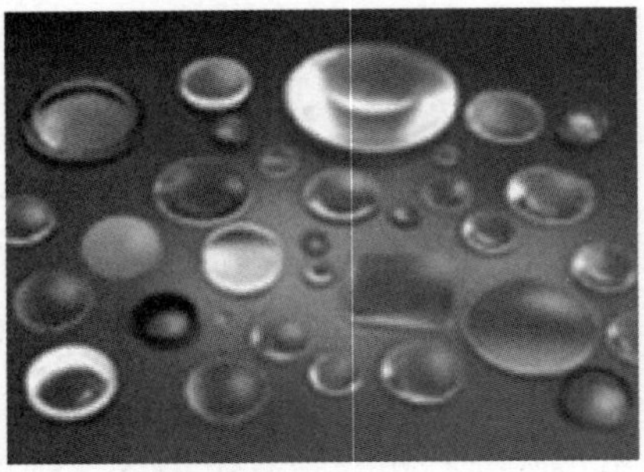

透镜

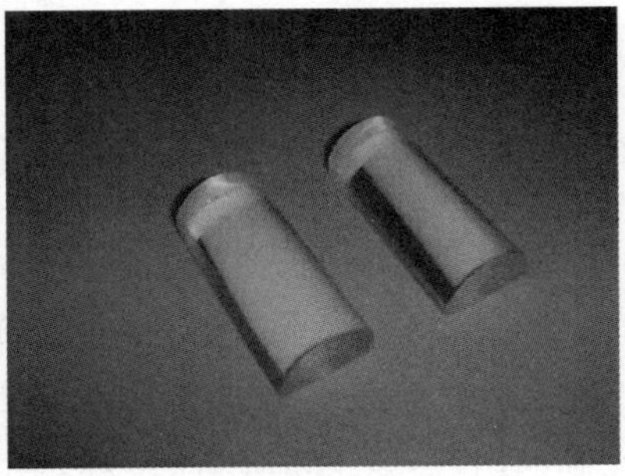

柱面镜

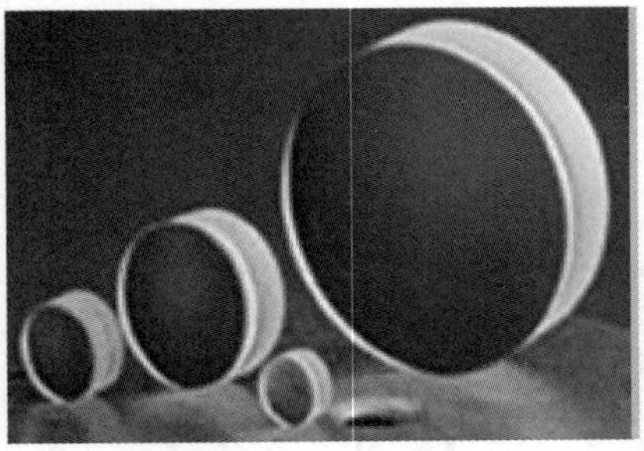

胶合透镜

直角棱镜

屋脊棱镜

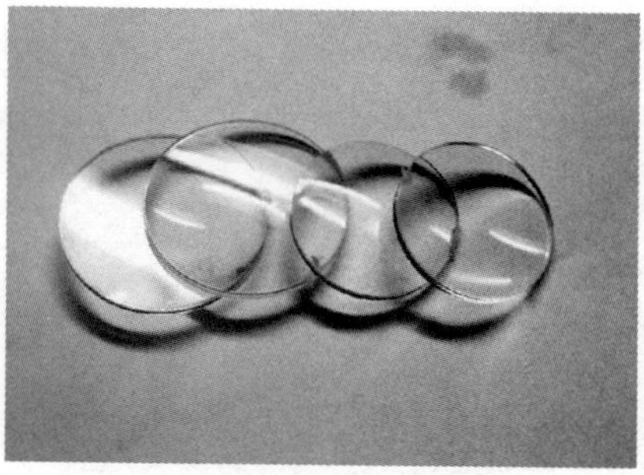

平板玻璃

滤光片

2.2.2　球面光学零件加工工艺

球面光学零件加工工艺过程：毛坯成形、铣磨、精磨、抛光、定心磨边、检验。毛坯成形是将毛坯加工成需要的形状，主要加工设备有切割机和成形机等。铣磨是为了得到最有利于后续精磨的表面粗糙度和面形状态。

球面光学零件铣磨机

球面光学零件实物

光学零件外圆切割机

精磨的目的是减小成型过程中产生的亚表面损伤，得到最有利于后续抛光的表面状态。

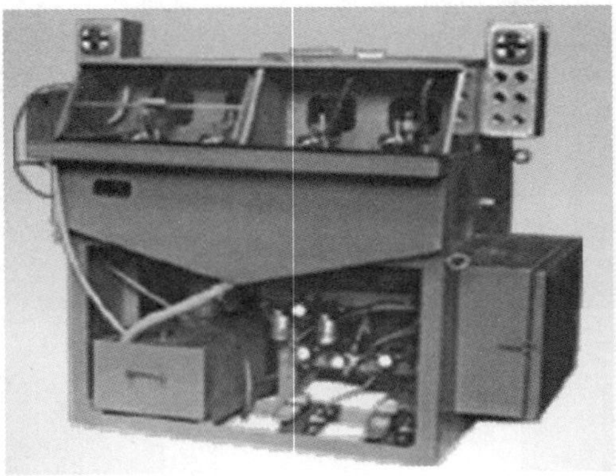

光学零件精磨机

抛光是为了获得透明、光泽的光学表面。

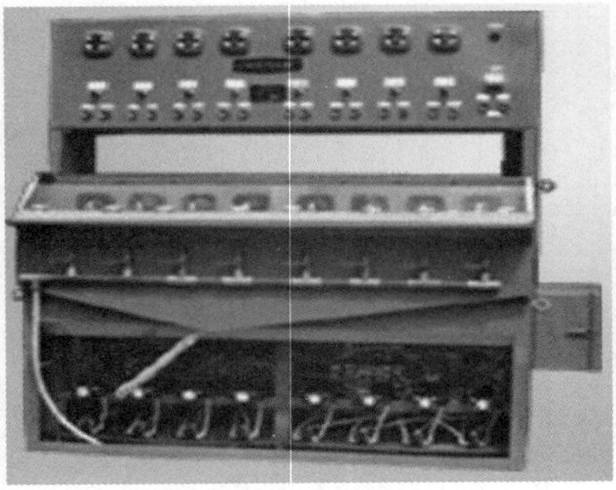

八轴光学零件抛光机

光学零件抛光机

2.2.3　常用光学零件检测设备

常用光学零件检测设备包括激光球面干涉仪、球径仪、精密轮廓仪和非接触式轮廓测量仪等。

激光球面干涉仪用于球面光学元件表面面形精度测量。

球径仪用于测试球面光学零件的曲率半径。

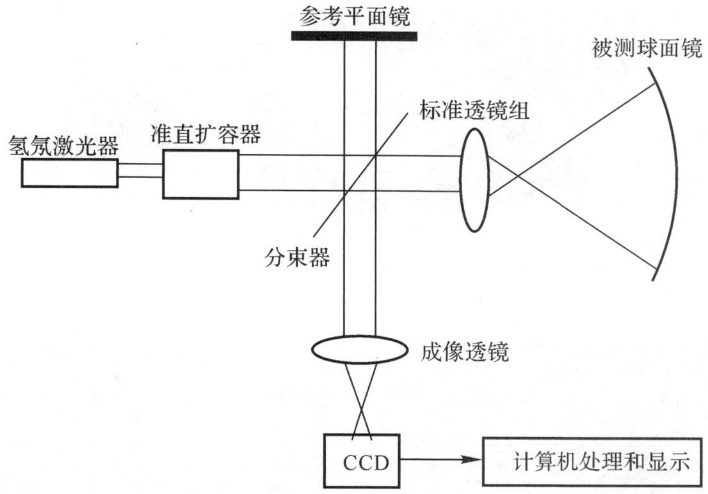

激光球面干涉仪原理图

自定定心胶合与测试系统

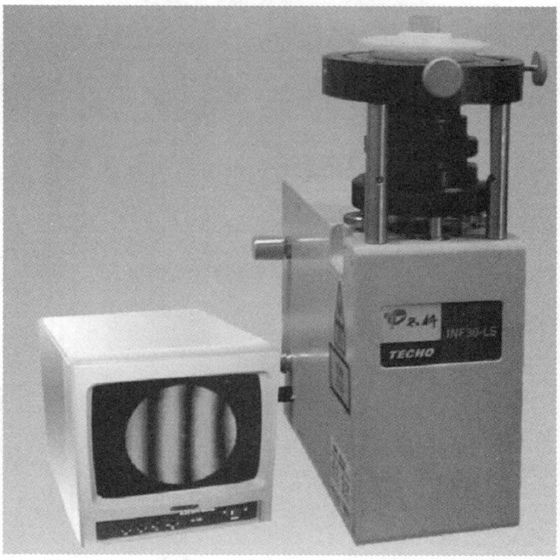

激光球面干涉仪

精密轮廓仪用于检测表面轮廓和波纹度，在精密光学加工中，主要用于非球面光学零件面形检测。

非接触式轮廓测量仪用于光学零件表面抛光后的亚表层损伤的测量，以及超光滑表面的测量等。

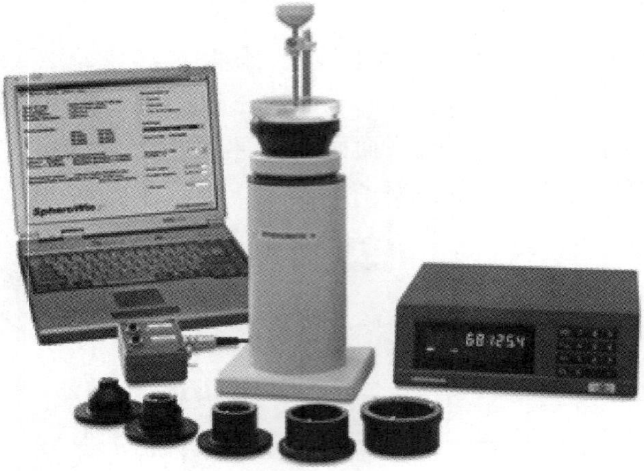

球径仪

精密轮廓仪

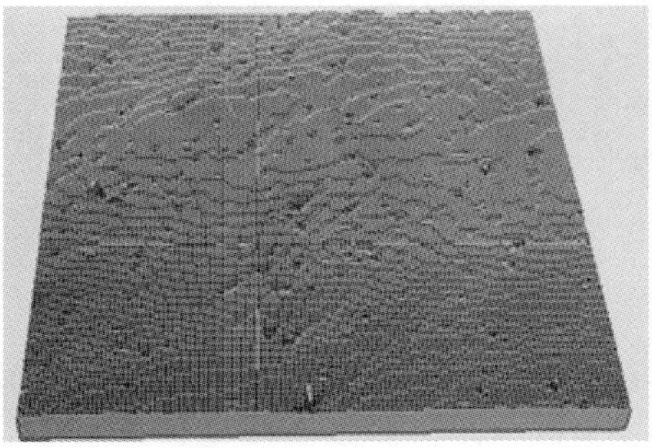

非接触式轮廓测量仪测量效果图

非接触式轮廓测量仪

2.3　激　光　器

2.3.1　固体激光器

通常把以固体材料作为工作物质的激光器称为固体激光器，如红宝石激光器、掺钕离子的钕铝石榴石激光器、掺钕离子的玻璃激光器和掺钛离子的蓝宝石激光器等。

钛蓝宝石激光器

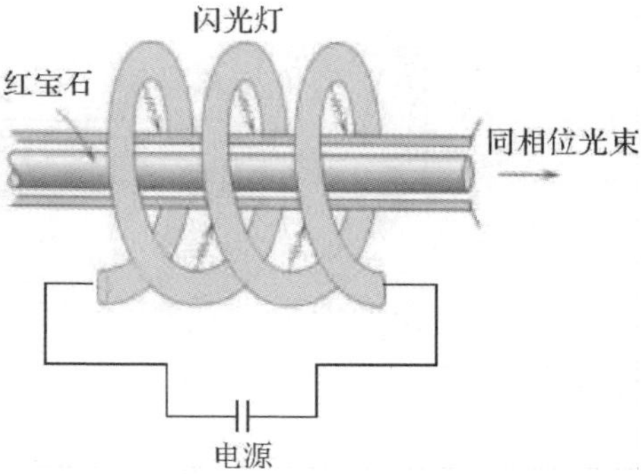

红宝石激光器示意图

2.3.2　气体激光器

气体激光器在工业中与科学研究中应用最为广泛，它的相干性很高，输出的激光频率也很稳定，且易制成连续工作的器件，因此在测量、通信、全息等方面都有着广泛的应用。

气体激光器可分为三种：原子气体激光器、离子气体激光器和分子气体激光器。

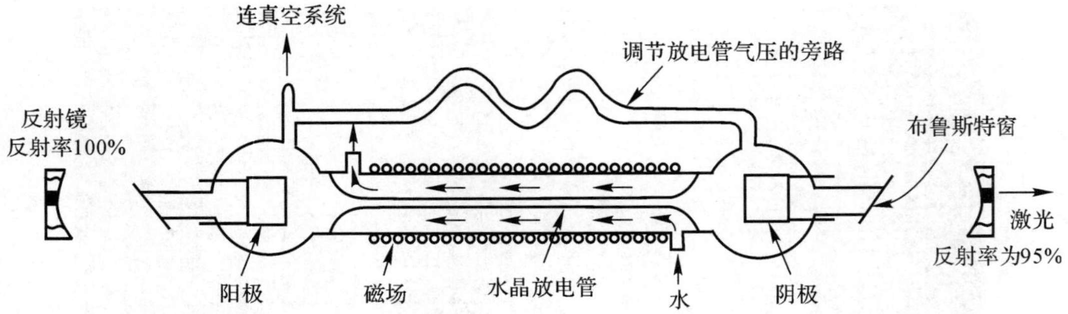

氩离子激光器示意图

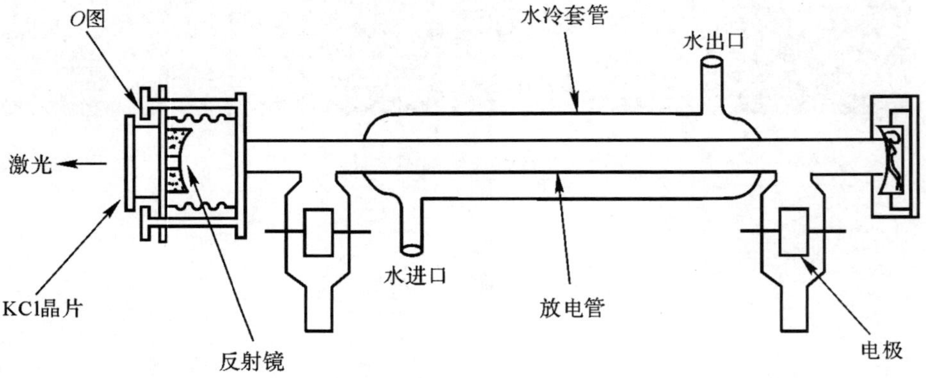

CO_2 激光器示意图

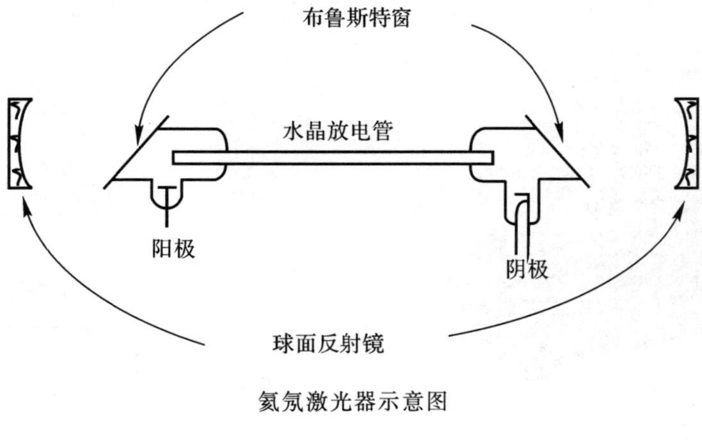

氦氖激光器示意图

2.3.3 半导体激光器

半导体激光器是以半导体材料作为工作介质的，采用 PN 结正向注入，电子束激励和碰撞电激励等方式，可激发半导体材料发光。激光的波长可以从 0.33～34 μm。常用的半导体激光器有砷化镓、硫化铬、硫化锌等激光器。

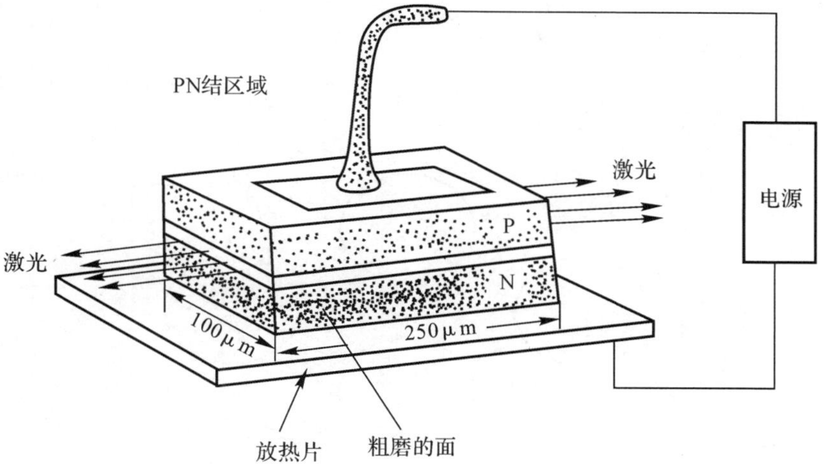

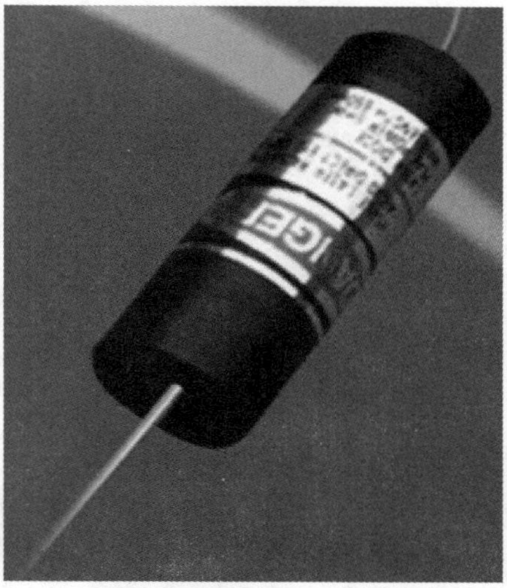

砷化镓半导体激光器

半导体泵浦全固态连续激光器

2.4 全息光学

2.4.1 光信息研究内容

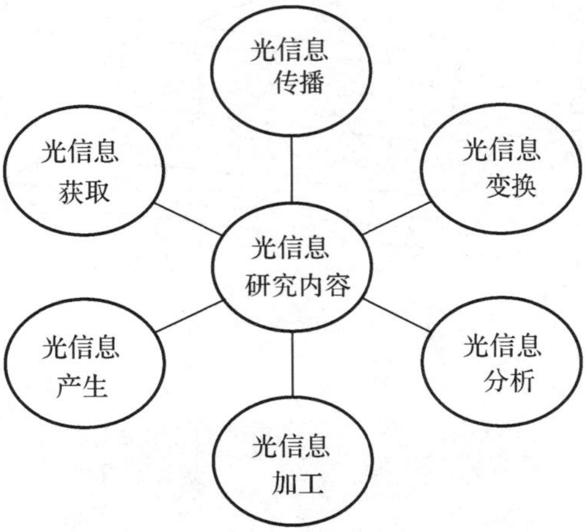

2.4.2 光学全息技术

全息术是利用光的干涉和衍射原理，将物体光波的全部信息（即振幅和位相）以干涉条纹的形式记录下来，并在一定条件下使其再现，以形成物体逼真的立体像。由于记录的是物体光波的全部信息（振幅和位相），因此称为全息术或全息照相。

全息照片

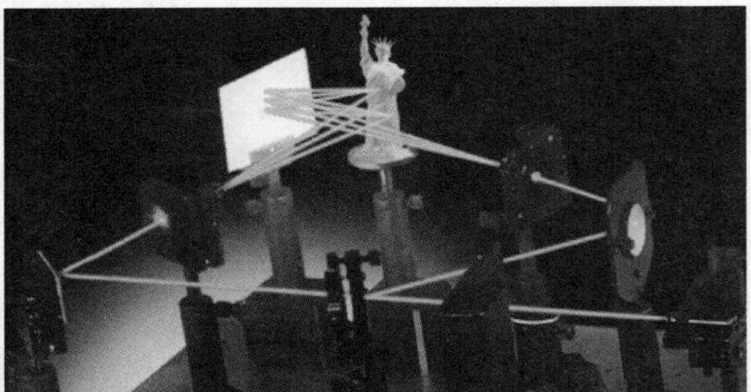
全息成像原理

2.4.3 全息照相

全息照相分为波前记录和波前再现两个步骤。波前记录是将物体发出的光波（物光波）与参考光波形成的干涉条纹用全息记录介质记录下来，经过一定的处理得到全息图。干涉条纹的对比度取决于两光波的振幅比，条纹的形状取决于位相差的分布。因此，全息图中存储着物体光波的全部信息。其原理如下图所示。

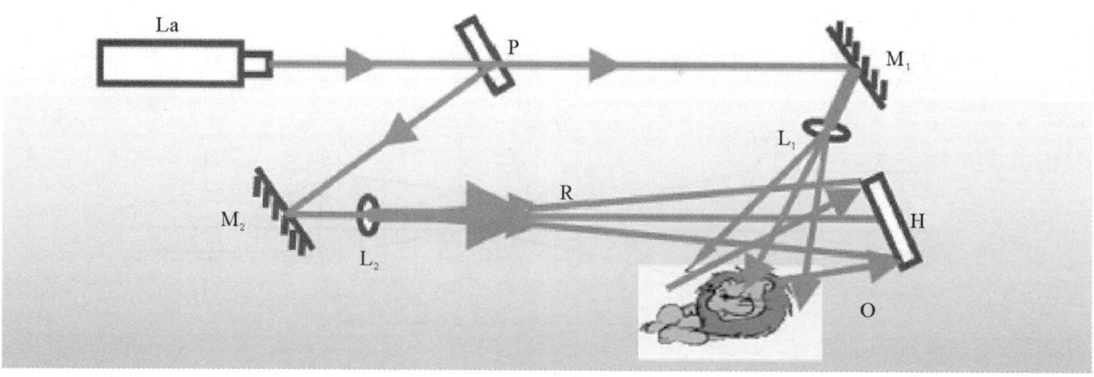

全息照相工作原理

La—激光器；　P—分束镜；　M_1—平面反射镜；　M_2—平面反射镜；

L_1—扩束镜；　L_2—扩束镜；　H—全息干版；　O—被拍摄物

1. 白光像面全息图

白光像面全息图记录的是物体的几何像，也就是把物体成像光束作为物体光波，相当于"物"与全息干版重合。其特点是当用复合光波再现时，各波长所对应的再现像都位于全息图上，将不出现像模糊和色模糊，因而像面全息可用白光再现。

2. 激光再现全息图

激光再现全息图是将物体光波与参考光波形成的干涉条纹用全息干版记录下来，经过一定的处理得到全息图。全息图实际上是一种很复杂的光栅结构，从全息图的干涉图样中一般看不出物体的具体特征。要想得到物体的再现像，只需用一束发散的球面激光波照明全息图，就可得到物体的再现像。

激光再现全息图

2.5　望　远　镜

望远镜是一种用于观察远距离物体的目视光学仪器，一般由物镜和目镜组成，有些望远镜还有转向棱镜组。

望远镜的放大倍率：

$$\Gamma=\frac{\tan\omega'}{\tan\omega}=-\frac{f'_{物}}{f'_{目}}$$

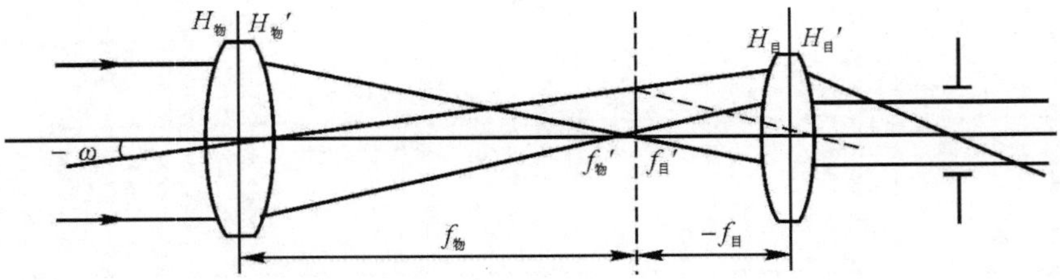

开普勒望远镜(倒像)

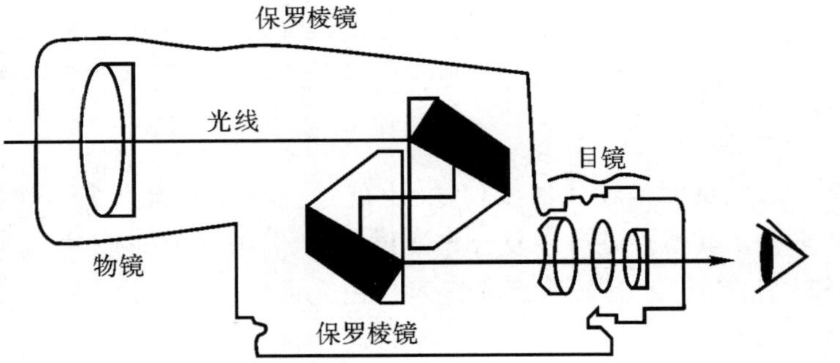

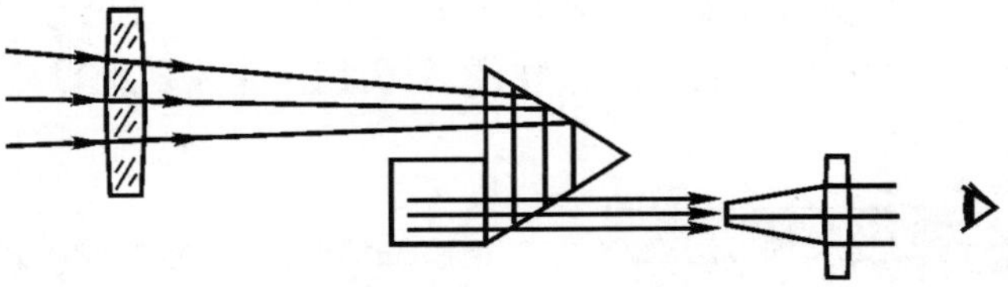

望远镜工作原理

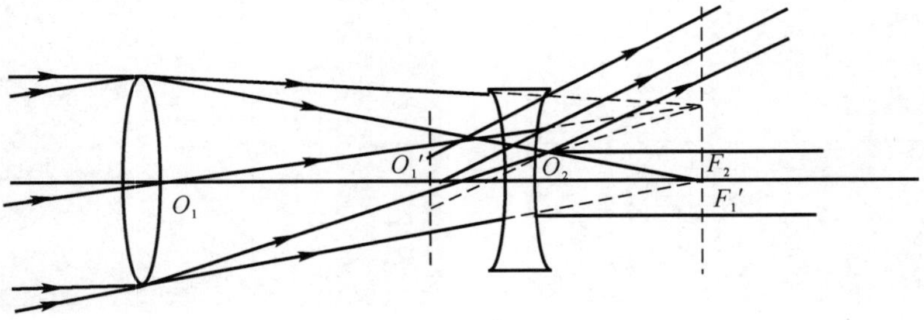

伽利略望远镜(正像)

望远镜一般包括：

(1)镜身组：望远镜的主体，分左、右镜身。

(2)物镜组：由透镜、物镜筒等组成。

(3)目镜组：由透镜、目镜框、视度手轮等组成。

(4)分划板：可对被观察的已知目标的方向、高低夹角及视距进行测量。

(5)连接轴：望远镜左、右镜身的连接件。

(6)护盖和背带：可保护物镜和目镜透镜。

军用望远镜

中心调焦测距望远镜

根据物镜的种类望远镜可以分为以下几种。

(1)折射望远镜：物镜由透镜或透镜组组成。

(2)反射式望远镜：除了主物镜外，还装有一个或几个小的反射镜，用来改变光线方向，便于安装目镜。

(3)折反射望远镜：物镜是由折射镜和反射镜组合而成的。

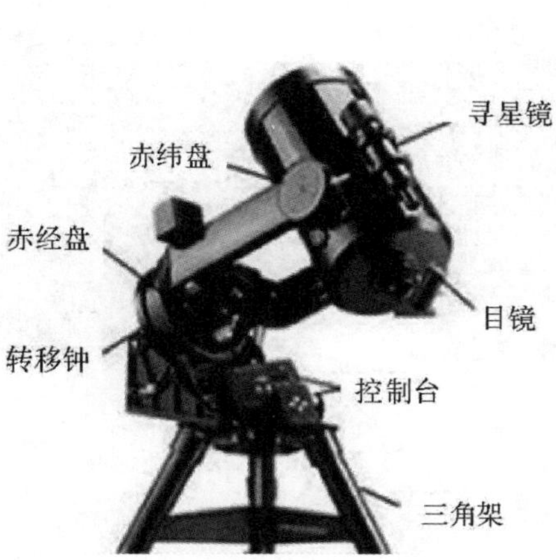

施密特望远镜

开普勒望远镜

反射式望远镜

第3章

材料科学与工程

3.1 材料科学概述

3.1.1 材料的发展史

材料是人类生存和生活必不可缺少的部分，是人类文明的物质基础和先导，是直接推动社会发展的动力。材料的发展及其应用是人类社会文明和进步的重要里程碑。没有材料科学的发展，就不会有人类社会的进步和经济的繁荣。

在群居洞穴的猿人旧石器时代，人类祖先通过简单加工获得石器，帮助狩猎、护身和生存。随着对石器加工制作水平的提高，出现了原始手工业如制陶和纺织，人们称之为新石器时代。青铜器时代源于四五千年前。青铜器大大促进了农业和手工业的发展。铁器时代则被认为是始于2 000多年前。春秋战国时期，由铁制作的农具、手工工具及各种兵器得以广泛应用，大大促进了当时社会的发展。随着钢铁、水泥等材料的出现和广泛应用，人类社会开始从农业和手工业社会进入了工业社会。20世纪，半导体硅、高集成芯片的出现和广泛应用，则把人类由工业社会推向信息和知识经济社会。

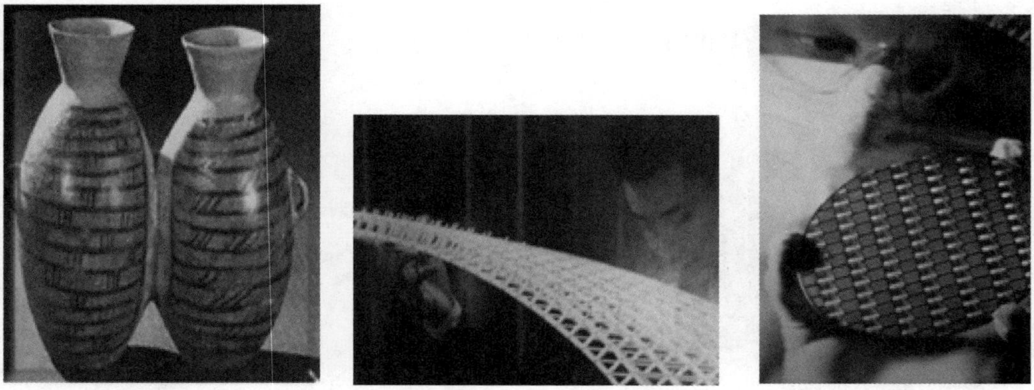

古代陶器走向现代单晶

3.1.2 材料的分类

信息、能源和材料被视为现代文明和生活的三大支柱。在三大支柱中，材料又是能源和信息的基础。材料种类繁多，按材料本身的性质分，主要有金属材料、陶瓷材料、高分子材料、复合材料、液晶材料等。按材料的作用分，有结构材料和功能材料。结构材料用于制造各种结构，对它的要求主要是机械性能，如强度、延伸率、硬度、韧性等。功能材料主要用于完成某种特殊功能，如液晶材料、光导纤维。金属材料绝大部分都是结构材料，但近来也出现一些功能材料，如形状记忆合金、储氢合金、金属超导材料等。陶瓷材料有的作为结构功能料。

材料的多样性

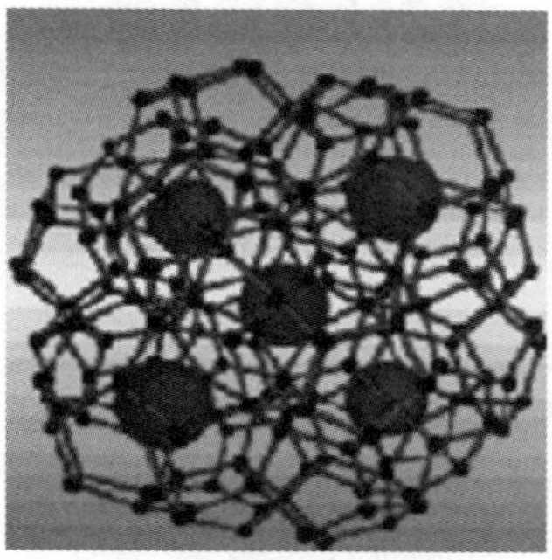
材料的复杂结构

3.1.3　材料工业发展史

材料是人类生活和生产的物质基础，是人类认识自然和改造自然的工具。材料也是人类进化的标志之一，任何工程技术都离不开材料的设计和制造工艺，一种新材料的出现，必将支持和促进当时文明的发展和技术的进步。在人类文明的进程中，材料工业大致经历了以下发展阶段：

旧石器时代，人类所能利用的材料都是纯天然的，在这一阶段的后期，虽然人类文明的程度有了很大进步，在制造器物方面有了种种技巧，但都只是纯天然材料的简单加工。新石器时代、铜器时代和铁器时代，它们分别以人类的三大人造材料为象征，即陶、铜和铁。这一阶段主要是人类利用火来对天然材料进行煅烧、冶炼和加工的时代。例如，人类用天然的矿土烧制陶器、砖瓦和陶瓷，以后又制出玻璃、水泥以及从各种天然矿石中提炼铜、铁等金属材料。

20 世纪 50 年代，金属陶瓷的出现标志着复合材料工业时代的到来。为了适应高新技术的发展以及人类文明程度，人类利用新的物理、化学方法，根据实际需要设计独特性能的材料。近三四十年研制出的一些材料已经具备了部分修复功能，如形状记忆合金、光致变色玻璃等。

材料工业的迅猛发展

3.2 材料成形

3.2.1 液态金属成形

液态金属成形过程主要是指金属的凝固过程，即金属从其自身熔体转变为固体的过程。金属的凝固主要包括两个过程，首先在液体金属中形成许多细小的胚芽（晶核），然后这些细小的胚芽各自独立长大，形成固态金属。

固态金属由许多晶粒组成。为了满足材料在实际应用中对性能的要求，在金属凝固过程中，通过控制凝固条件，可以改变晶粒的形状。单向传热能获得长条状的柱状晶粒，晶核自由生长可以获得细小等轴的晶粒。从微观层次上讲，绝大部分金属材料在凝固过程中，晶粒按树枝状生长，但有少部分金属，按棱面生长。

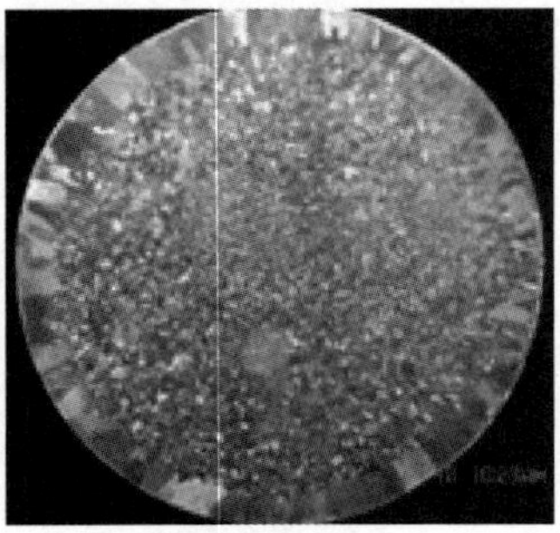

等轴晶

柱状晶

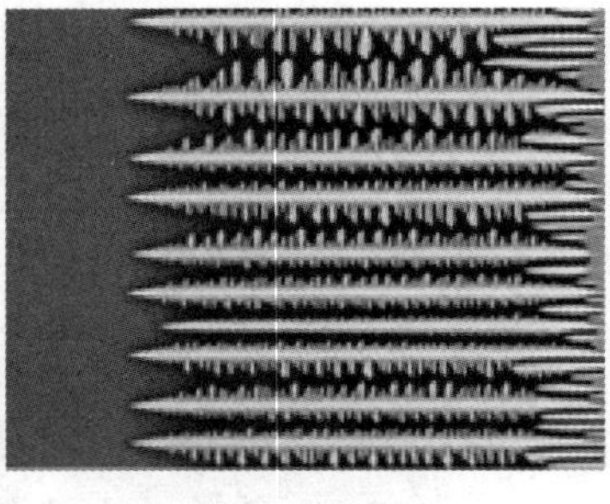

树枝状晶体生长

晶体的棱面生长

3.2.2 金属塑性成形

金属塑性成形是利用金属材料的塑性性质加工，使之具有所需形状的过程。金属材料经成形过程后，其组织、性能获得改善和提高。塑性成形是无切屑成形方法，因而能使工件获得良好的流线形状及合理的材料利用率。用塑性成形方法可使工件尺寸达到较高精度，具有很高的生产效率。

塑性成形分冷成形和热成形两种。冷成形是指金属在进行塑性变形时的温度低于该金属的再结晶温度，主要有轧制、挤压、拉拔和冲压等；热成形是指金属材料在其再结晶温度以上进行塑性变形，热变形广泛应用于大变形量的热轧、热挤以及高强度、高韧度毛坯的锻造生产中。

塑性成形加工

3.2.3　焊接成形

焊接在现代工业中占据重要地位，几乎所有的产品，从几十万吨载重的巨轮到不足 1 克的微电子元件，在生产中都不同程度地依赖焊接技术。全世界约 45% 的钢铁和有色金属需要通过焊接才能变为可以使用的最终产品。焊接更是航空、航天、船舶及核能工业的关键技术。

焊接技术随着科学技术的进步而不断发展：新型热源、节能热源及复合热源的应用；控制技术及计算机模拟技术用于焊接过程控制及质量控制；焊接机器人得到迅猛发展，是焊接自动化的革命性进步，它突破了焊接刚性自动化的传统方式，开拓了一种柔性自动化新方式，通过提高焊接熔敷、窄间隙焊接等技术，大大提高了生产效率。

神舟载人飞船（焊接结构）

世界第一的三峡水轮机焊接结构

3.2.4 粉末冶金成形

将松散的金属粉体材料加工成具有一定尺寸、形状以及一定密度和强度的坯体材料，并对其进行烧结的工艺称为粉末冶金成形工艺。粉末冶金是一门制取金属粉末和用金属粉体材料作为原料，经过成形和烧结，制造金属材料、复合材料以及各种类型制品的技术学科。

典型粉末冶金制品有含油轴承、硬质合金、金属陶瓷、磁性材料等。粉末冶金成形的过程：金属粉末的制取（机械法、雾化法、还原法、电解法等）→造粒处理→坯体成形（等静压、模压、挤压、碾压或流延成形、注浆成形等）→无压烧结、热压烧结或气压烧结。以下是常用的粉末冶金成形设备。

冷等静压机

热压烧结炉

3.2.5 非金属材料成形——玻璃成形

玻璃的成形是指由熔融的玻璃转变为具有固定几何形状和尺寸的玻璃制品的工艺过程。生产中玻璃制品的成形过程分为成形和定型两个连续进行的阶段。玻璃的黏度及表面张力随温度而变化，以及玻璃的成形和定型连续进行的特点，使得玻璃能接受各种各样的成形加工方法，这是玻璃与其他材料不同的重要特性之一。目前比较常用的成形方法有垂直引上法、水平拉引法、压延法及浮法等。

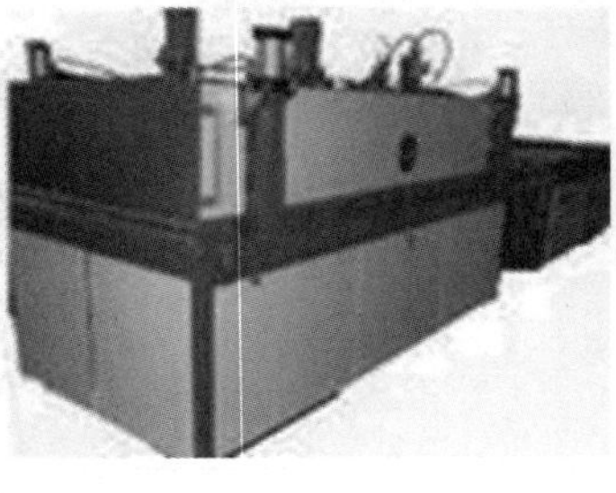

吸音泡沫玻璃

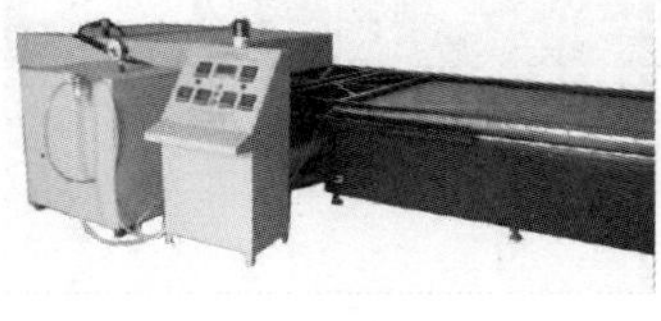

夹层玻璃成形机

3.2.6　非金属材料成形——陶瓷成形

陶瓷制品的生产过程主要包括配料、成形、烧结三个阶段。烧结是通过加热使粉体产生颗粒黏结，经过物质迁移使粉体产生高强度并发生致密化和再结晶过程。陶瓷由晶体相、玻璃相和气相组成，显微组织及相应的性能都是经烧结后产生的。陶瓷经成形、烧结后还可以根据需要进行磨削加工和抛光，甚至可以进行切削加工。通过研磨、抛光，陶瓷表面可达镜面的光洁度。很显然，在原料确定之后，陶瓷制品的组织及性能主要依靠烧结，其形状、尺寸及精度等则要依靠烧结成形及烧结后的加工。陶瓷成形主要有干压成形、注浆成形、热压成形和注射成形。

深腔塑压陶瓷成形机

防弹陶瓷

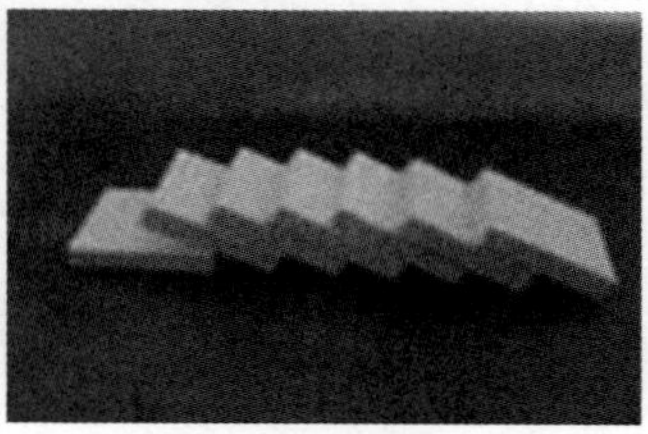

泡沫陶瓷

3.3　工程材料的制备及应用

3.3.1　工程材料

工程材料是指具有一定性能，在特定条件下能够承担某种功能、被用来制取零件和元件的材料。工程材料按材料的化学组成，可以分为金属材料（黑色金属及有色金属）、非金属材料（高分子材料及无机非金属材料）和复合材料等；按材料的使用性能，可以分为结构材料和功能材料。

结构材料是以强度、刚度、塑性、韧性、硬度和耐磨性等力学性能为指标，用来制造承受载荷、传递动力的零件和构件的材料，可以是金属材料、高分子材料、陶瓷材料或复合材料。功能材料是以声、光、电、磁、热等物理性能为指标，用来制造具有特殊性能的元件的材料。

弹簧(弹簧钢)

轴承(轴承钢)

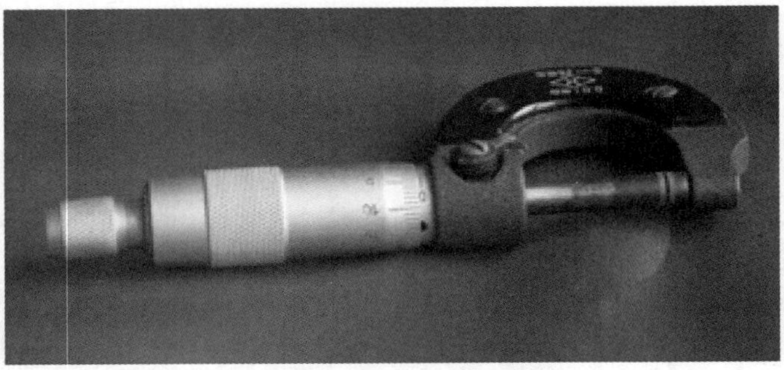

千分尺(工具钢)

3.3.2 工程材料的应用

工程材料是工业生产及人类生存和发展的物质基础,是衡量一个国家经济实力和技术水平的重要标志,它与信息、能源并列为现代文明的三大支柱。对工程材料的认识水平、掌握和运用能力,对于一个现代化国家的科学技术水平和经济实力、综合国力以及社会文明的进步都将产生至关重要的影响。

工程材料被广泛应用于航空、航天、航海、交通、通信、建筑、医疗和国防等领域。

南京长江大桥

主战坦克

飞豹战斗机

3.3.3　橡胶的制备与应用

胶是一种高分子弹性化合物，相对分子质量在几十万到一百万之间。橡胶是具有 5 个碳原子的二烯烃——异戊二烯（ $CH_2{=}C{-}CH{=}CH_2$ ）的聚合物——聚异戊二烯（ $CH_2{-}C{=}CH{-}C$ ）。

天然橡胶是由人工栽培的三叶橡胶树分泌的乳汁，经凝固、加工而制得，其主要成分聚异戊二烯的含量在 90%以上。合成橡胶是由原油中的各种单体经聚合或缩合反应制成的高弹性聚合物。橡胶具有很强的弹性和良好的绝缘性、可塑性、隔水隔气、抗拉和耐磨等特点，广泛地运用于工业、农业、国防、运输、机械制造、医药卫生和日常生活等方面。

我国已成为世界第一橡胶消耗大国。2004 年，全行业耗胶量占世界橡胶消费总量的 22%。我国是橡胶资源十分匮乏的国家，也同时是世界最大的对废橡胶亟待加强综合利用的国家。

海南三亚橡胶林（生胶切割）

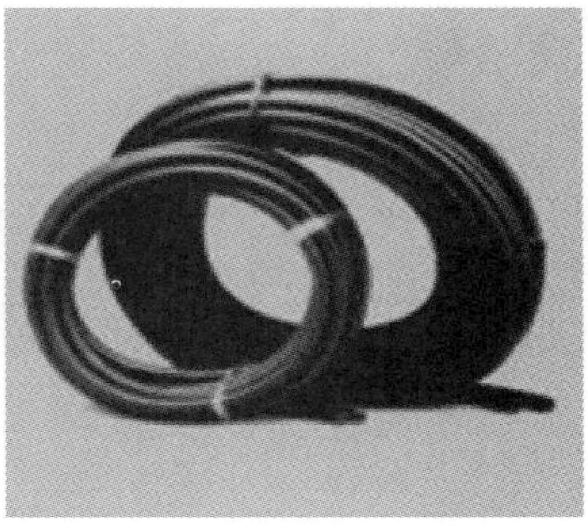

橡胶管

3.3.4　陶瓷的制备及应用

陶瓷材料是人类应用最早的材料。由于它的坚硬性与稳定性，因而被广泛用于制造工具、用具，在一些特殊的情况下，也可以用做结构材料。陶瓷材料属于无机非金属材料，由多相的无机非金属材料构成，可分为氧化物陶瓷和非氧化物陶瓷。由于大部分无机非金属材料含有硅和其他元素的化合物，所以无机非金属材料又叫硅酸盐材料。它一般包括无机玻璃、玻璃陶瓷和陶瓷三类。作为结构和工具材料，工程上应用最广泛的是陶瓷。

陶瓷材料的制备过程主要有制粉、成形、烧结等步骤。陶瓷具有耐磨、耐高温、耐腐蚀、质轻等特点，广泛应用于汽车、机械设备、军事等领域，如车用燃气轮机、各种陶瓷刀具、轴承、陶瓷装甲等。

工业陶瓷

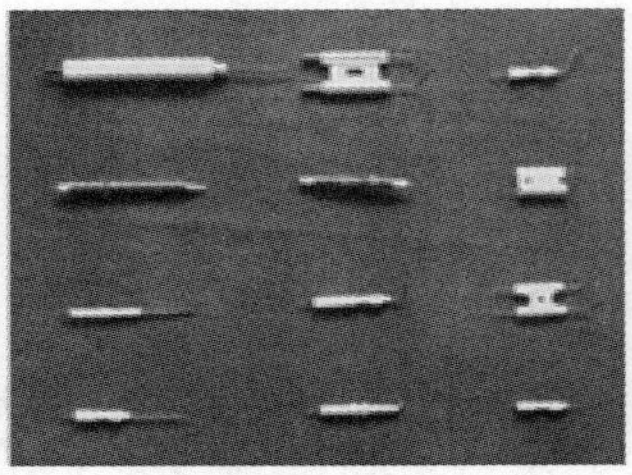

陶瓷焊嘴

陶瓷点火器

3.3.5 工程塑料的制备及应用

工程塑料是重要的工程材料，在国民经济中占有十分重要的地位。随着科学技术的进步和塑料工业的发展，工程塑料新产品不断出现，其应用领域也不断扩展。从总的情况看，我国工程塑料新产品的开发应用重点依然在车辆、机械设备、电子电气和建材等领域，特别是在汽车和建材领域的应用较多。

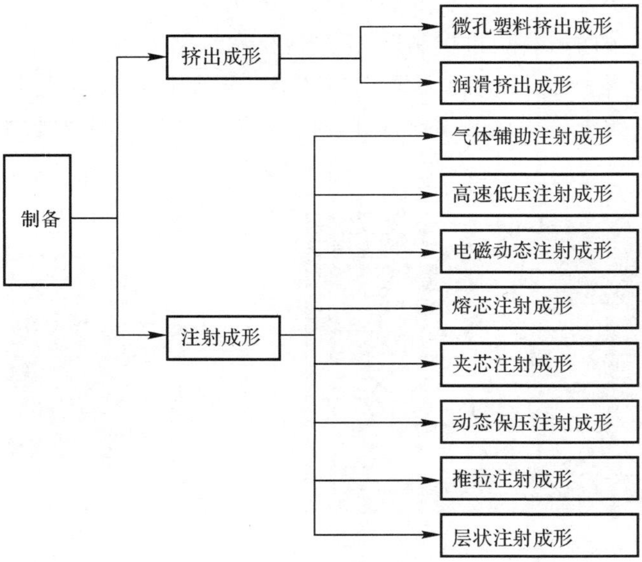

工程塑料制备方法

塑料注塑成形机

第4章

机械工程

4.1 机械概述

4.1.1 机械

在机械工程领域中，常把具体的机械叫机器，如起重机、印刷机、纺织机、汽车、机床、飞机等都是机器，把机器中的机械运动系统叫机构。从运动学的观点看，机器与机构都是机械。从功能变换的观点看，机构与机器有很大的区别。

汽车变速机构

经过多年的完善与发展，现代机械的概念是：机械是机器与机构的总称，把执行机械运动，用来变换或传递能量、物料与信息的装置称为机器；把用来变换或传递运动与动力的、用运动副联接的且有一个构件为机架的构件系统称为机构。这使机械的定义更加科学化。其特点如下：

(1) 机械首先必须是执行机械运动的装置。

(2) 机械必须进行物料或信息的变换与传递，并完成有用的功。

(3) 机械必须要完成能量的转换。

齿轮加工

汽车发动机

变速箱

4.1.2 机械的分类

通常按行业，可以将机械分为金属加工机械、化工机械、工具机械、造纸机械、石油机械、印刷机械、包装机械、塑料机械、农业机械、电子电气机械等。

印刷机械

化工机械

石油机械

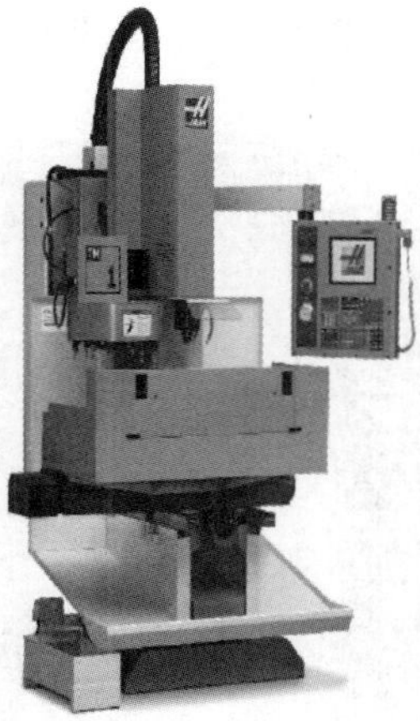

金属加工机械

农业机械

塑料机械

纺织机械

4.1.3 西方机械发明创造史

西方各国在科学技术领域的发展，特别是在机械工程领域的发明创造，在公元 14 世纪以后逐步超过中国。

最早的机床

老式汽车

印刷机械

从中世纪沉睡中醒来的欧洲，约在公元 16 世纪进入了文艺复兴时期。机械工程领域中的发明创造如雨后春笋，机械制造业空前发展。文艺复兴时期的代表人物、意大利的著名画家达芬奇(Leonardo da Vinci)设计了变速器、纺织机、泵、飞机、车床、锉刀制作机、自动锯、螺纹加工机等大量机械，并绘制了印刷机、钟表、压缩机、起重机、卷扬机、货币制造机等大量机械草图。

一场大规模的工业革命在欧洲发生，大批的发明家涌现出来。

航天飞机

欧洲的战争，英美战争，第一、二次世界大战等战争的爆发与持续，加速了武器的研制与生产，机械的各个领域也随之相应地发展起来。

以微电子、信息（计算机与通信、控制理论、人工智能等）、新材料、系统科学为代表的新一代工程科学与技术的迅猛发展在机械制造领域中的广泛渗透、应用、衍生，极大地拓展了机械制造活动的深度和广度，急剧地改变了现代设计方法、产品结构、生产方式、生产工艺、设备以及生产组织结构，产生了一大批新的制造技术和制造模式。

新技术的综合作用促进了制造技术在宏观（制造系统集成）和微观（精密、超精密、微纳米加工检测）两个方向上的蓬勃发展。

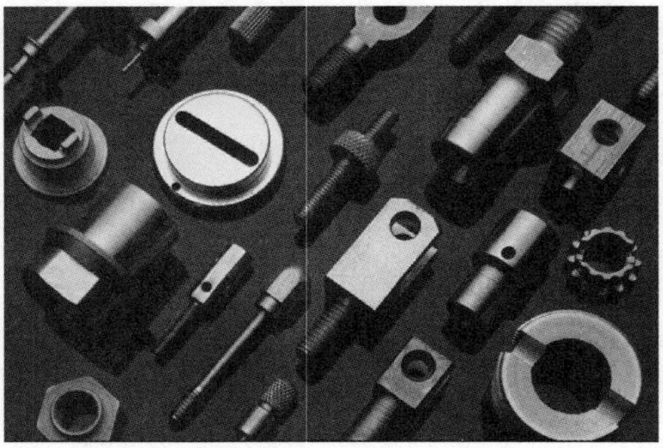

机械零件

电子制造机械

飞机发动机

航空器

医疗器械

舰船

4.1.4　中国机械发明创造史

中国是世界上机械发展最早的国家之一。中国的机械工程技术不但历史悠久，而且成就十分辉煌，不仅对中国的物质文化和社会经济的发展起到了重要的促进作用，而且对世界技术文明的进步做出了重大贡献。中国机械发展史可分为六个时期：

(1) 形成和积累时期，从远古到西周时期。这一时期是中国机械发展的第一个时期，石器的使用标志着这一时期的开始。这一时期经历了三个发展阶段：第一个阶段相当于旧石器时代；第二个阶段相当于新石器时代；第三个阶段从新石器时代末期到西周时期。

(2) 迅速发展和成熟时期，从春秋时期到东汉末年。

(3) 全面发展和鼎盛时期，从三国时期到元代中期。

与前两个时期相比，第三个时期的主要特点是机械的总体技术水平有了极大的提高，古代机械得到了全面发展。许多杰出的机械制造家，如马钧、祖冲之、李皋、张思训、燕肃、苏颂、郭守敬和王祯等，为传统机械的发展做出了重要贡献。这一时期经过了两个发展阶段：第一阶段为三国到隋唐五代时期，是传统机械持续发展时期；第二阶段是宋元时期，这是中国传统机械发展的高峰时期。

记里鼓车

指南车

曾侯乙尊盘

由水轮驱动的连机碓和水转连磨

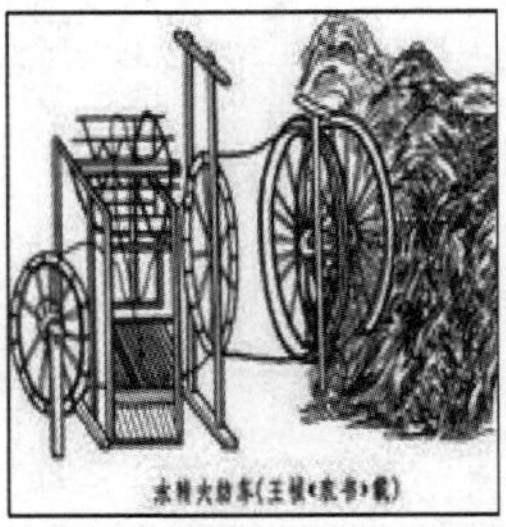

水转大纺车

(4)缓慢发展时期，从元代后期到清代中期。这一时期也可分为两个阶段：第一阶段从元代后期到清代初期。这一阶段正是西方文艺复兴时期，就机械方面来看，我国并不十分落后，但在发展速度上已明显低于西方。第二阶段从18世纪初到19世纪40年代。这一阶段清朝政府采取了闭关自守的政策，中断了与西方的科技交流。

(5)转变时期，从清代中后期到解放前的发展时期。1840年的鸦片战争打开了中国闭关自守的大门，西方近代机械科学技术开始大量传入中国，使中国机械的发展进入了向近代机械转变的时期。19世纪后期到20世纪初期，我国兴起了工程教育。不但翻译了不少机械书籍，而且有了自己编写的机械工程著作。派出的留学生中有专攻机械工程的。20世纪以来，中国机械进一步得到发展。

(6)复兴时期，解放后的发展时期。1949年新中国建立后，中国机械的发展进入了新的时期，这一时期中国机械科学技术的成就是巨大的，发展速度之快，水平之高也是前所未有的。

歼—10战斗机

神舟六号飞船

中国舱内航天服

4.2 常用机构

4.2.1 连杆机构

特点：运动副一般为低副；构件多呈杆状；多种运动变换和规律；连杆曲线形状丰富。但运动链长、误差大、效率低；惯性力难以平衡，不适合于高速运动。

应用:连杆机构的应用如下图所示。

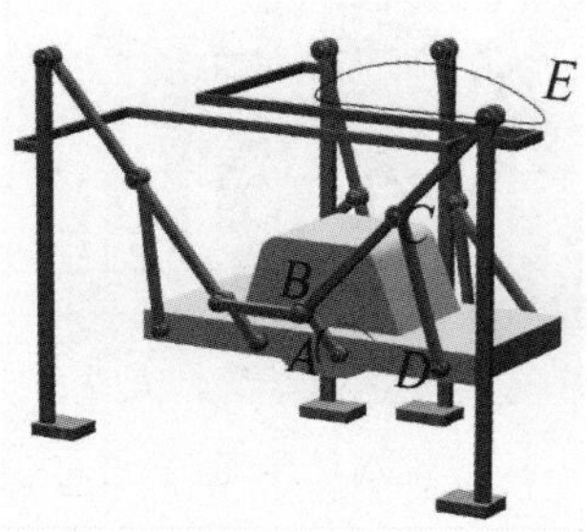

契贝谢夫四足步行机构

翻斗车翻转机构

牛头刨床机构

4.2.2　凸轮机构

特点:适当的设计凸轮廓线可实现各种运动规律,结构简单、紧凑;但易磨损,传力不大。

应用:凸轮机构的应用如下图所示。

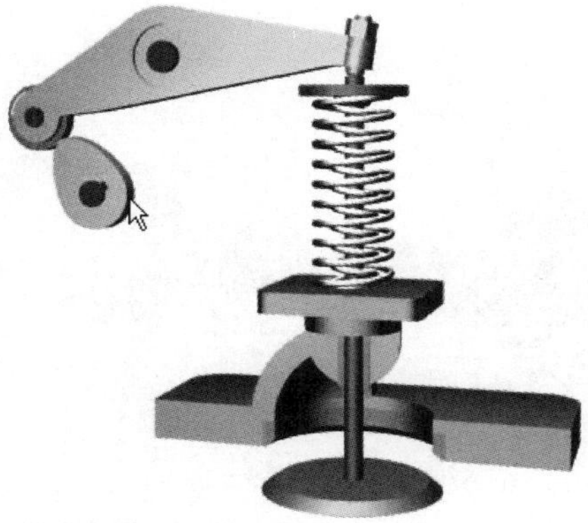

内燃机的配气凸轮机构

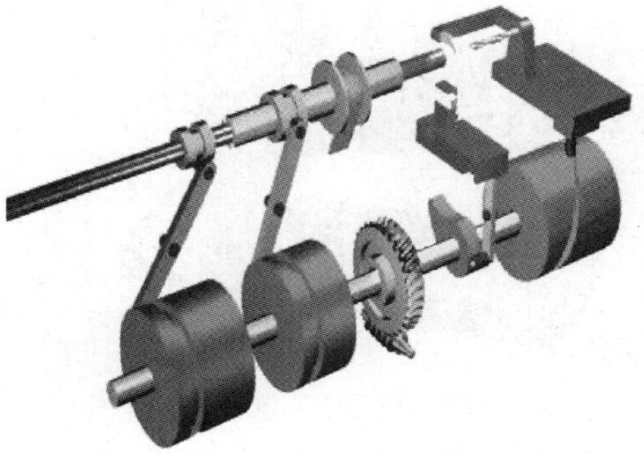

自动车床的凸轮机构

4.2.3　齿轮机构

特点:可实现空间任意两轴间的运动及力传递,功率范围大,效率高,传动比准确,寿命长,安全可靠。

应用:齿轮机构的应用如下图所示。

滚齿机齿轮传动系统

钟表齿轮传动系统

圆柱蜗杆传动

环面蜗杆传动

锥蜗杆传动

4.2.4 螺旋机构

特点：结构简单，制造方便，运动准确，工作平稳，能获得很大的降速比和力的增益。合理选择螺纹导程角，可具有自锁性，但效率降低。

应用：螺旋机构的应用如下图所示。

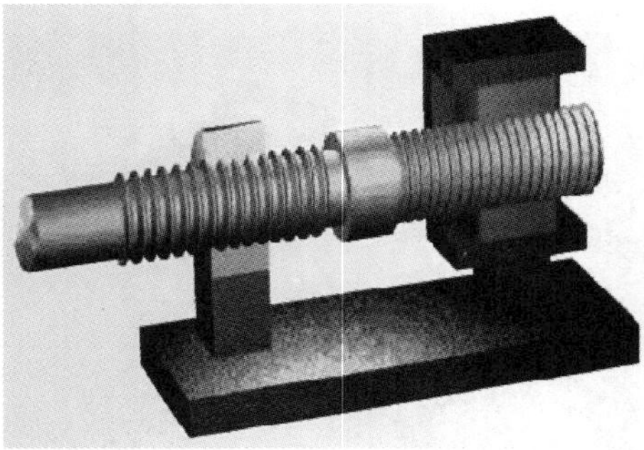

微动螺旋机构

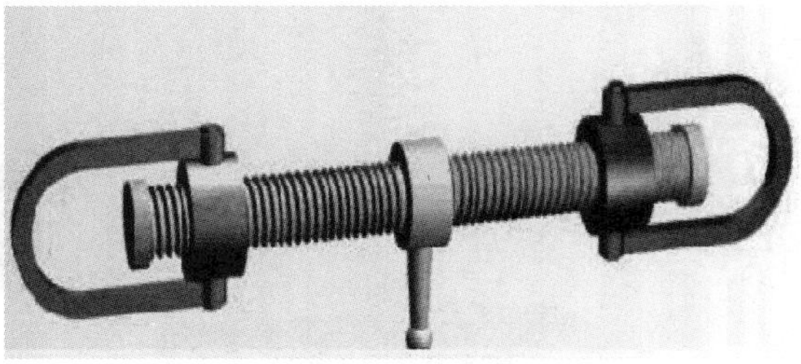

复式螺旋机构

4.2.5 带轮机构

特点：结构简单、传动平稳、造价低廉以及缓冲减振；摩擦式带传动有弹性滑动和打滑的现象，传动比不稳定，制造精度和安装精度不高，有利于生产和应用。

应用：带轮机构的应用如下图所示。

大型研磨机驱动装置

大理石切割机

韩国“现代”轿车发动机

吉普车发动机

手扶拖拉机驱动装置

桑塔纳轿车发动机

4.2.6　链轮机构

特点：具有准确的平均传动比，传动效率高，径向压轴力小，可在恶劣的环境下工作。瞬时传动比不恒定，传动不平稳，工作中有噪声。

应用：链轮机构的应用如下图所示。

链传动在工业机械中的应用

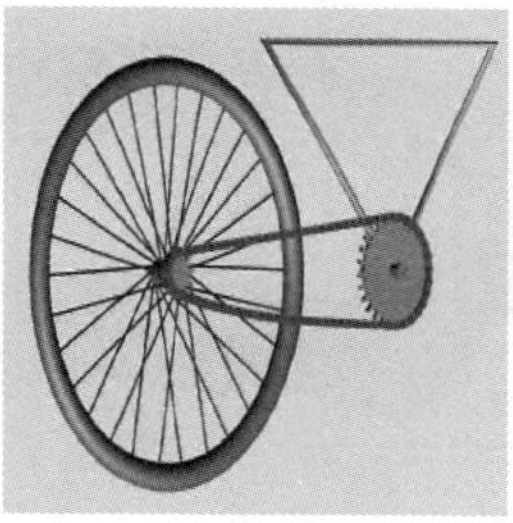

自行车中的链传动

4.2.7　其他常用机构

特点：在许多机器中，除广泛采用一些常用机构外，还经常用到其他类型的一些机构，如各类间歇运动机构、非圆齿轮机构、万向铰链机构、组合机构等，这些机构可满足运动的特殊要求。

应用：其他常用机构的应用如下图所示。

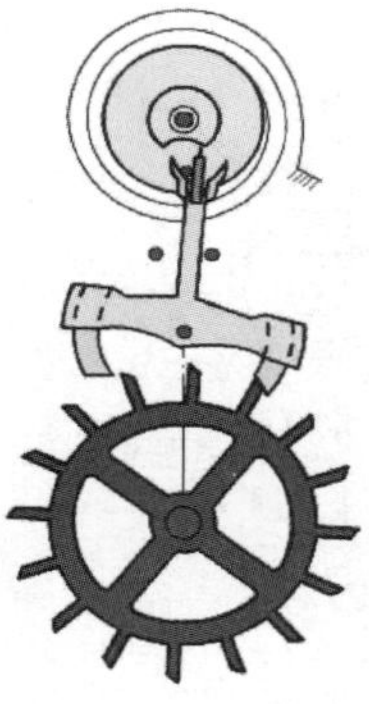

钟表用擒纵轮机构

蜂窝煤制作机的传动系统

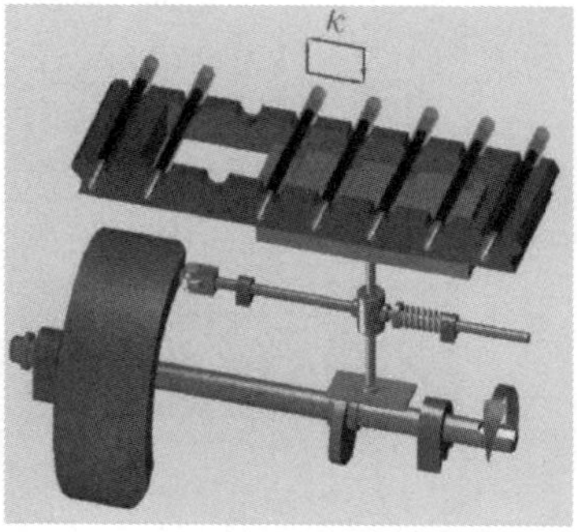

笔芯装配线

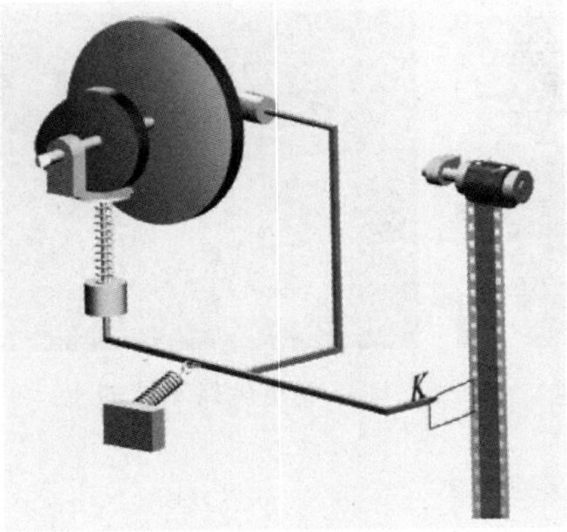

小型电影放映机抓片机构

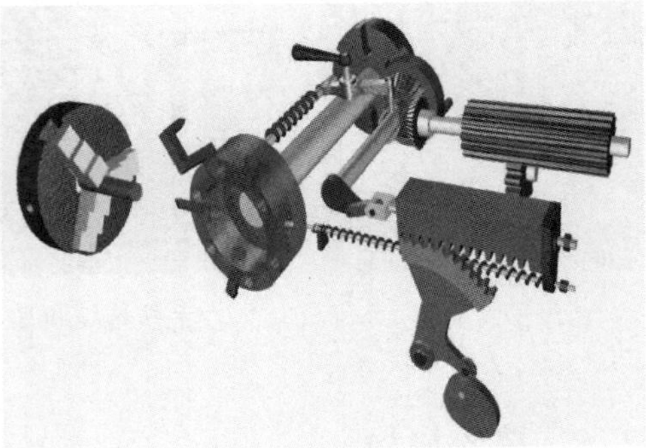

六角车床刀架转位系统

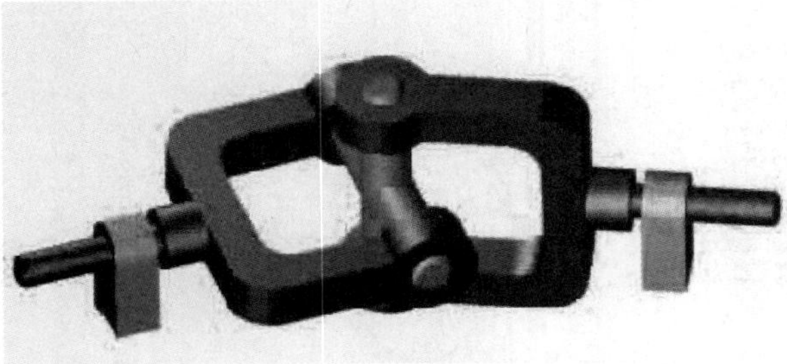

单万向铰链机构

凸轮式间歇运动机构

4.3 机床与工艺装备

4.3.1 常用机床

车床是最常见的机床，可以完成轴类零件或可回转零件的内外圆、螺纹、圆锥面的加工。

CG132A 车床的外形

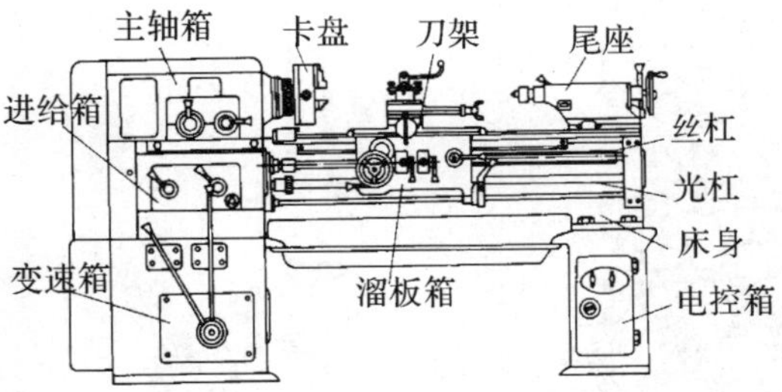

通常车床结构

立式车床与普通床不一样的是立车的主轴和地面垂直，可以加工直径较大的工件。

英国人约翰·维尔金森 1774 年设计了加工炮管的镗床，并且很快应用于蒸汽机气缸的加工。

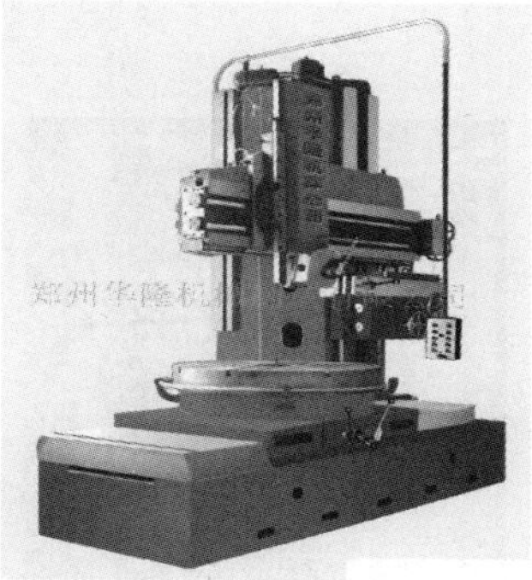

立式车床

1776 年制造的车床

新式的数控车床，加工时不用手工操作，所以床身机构的刚性更好。

钻床利用钻头加工孔。摇臂钻可以加工较大工件上不同方位上的孔。台式钻床一般用来加工较小的工件，应用非常普遍。

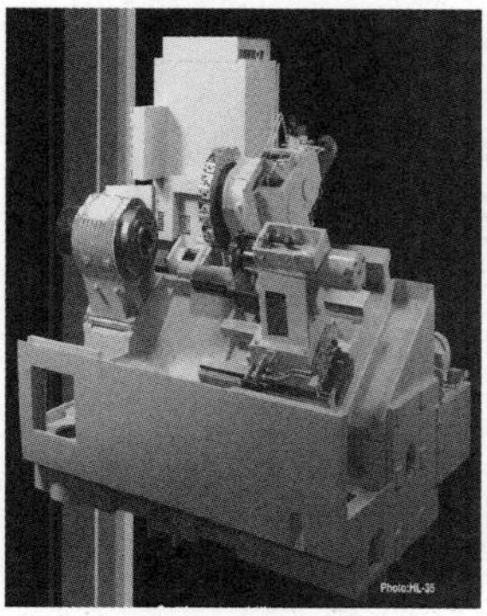

新式的数控车床

摇臂钻

台式钻床

卧式铣床

龙门铣床

牛头刨床，可以加工平面或直纹形面，但是加工效率不高，现在应用逐渐减少。

磨料水射流切割机是利用 70～400 MPa 高压水带动磨料从喷嘴（直径 0.15～0.4mm）形成 300～900m/s 的高速流体束流，喷射到工件表面，从而达到去除材料的加工目的。

牛头刨床

磨料水射流切割机

并联机床是基于空间并联机构 Stewart 平台原理开发的，是近年才出现的一种新概念机床。

并联机床

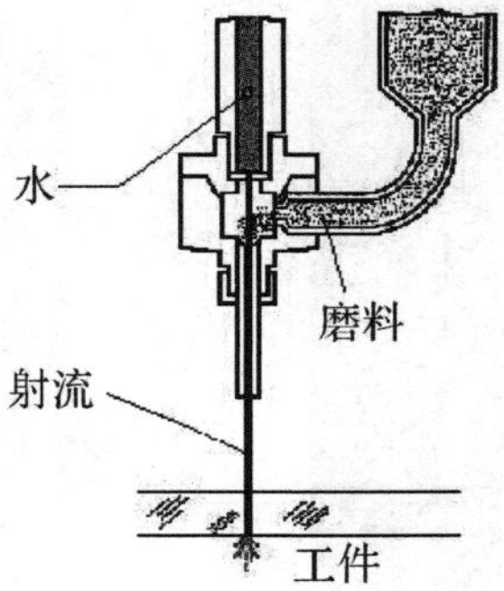

加工原理图

数控动梁桥式龙门镗铣床，专门用来加工大型工件。

数控动梁桥式龙门镗铣床

数控外圆磨床

数控坐标钻床

最近几年新发展的复合机床，它的特点就是同一台机床上具备车、铣、钻、磨等两种以上的功能。复合机床最适合以工序集中方式加工复杂工件，右图就是用复合机床加工的涡轮。

复合机床

用复合机床加工的涡轮

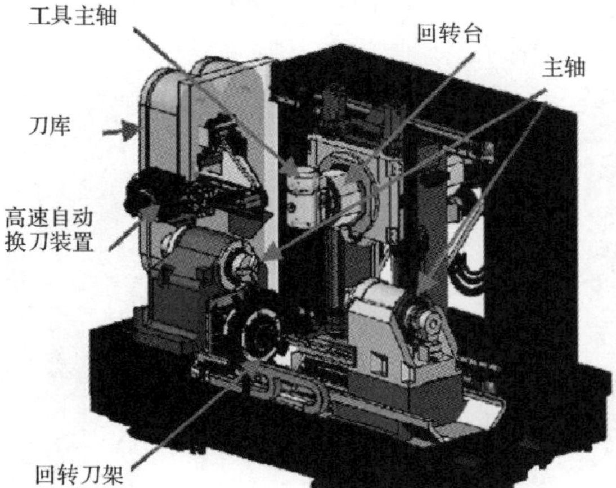

复合机床功能图解

滚齿机是加工齿轮最常用的机床。

滚齿机

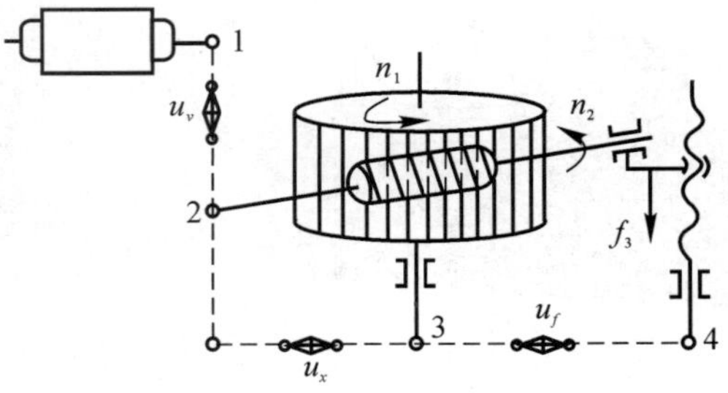

滚齿机加工原理图

插齿机也是加工齿轮的常用设备。它可以加工双联或三联齿轮。

插齿机

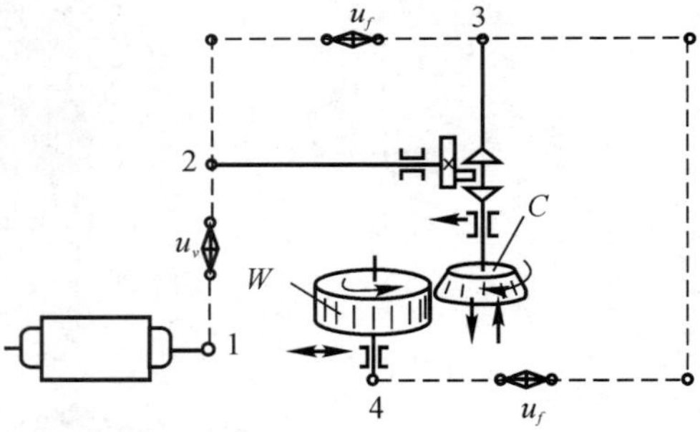

插齿机加工原理图

通常切削速度越高，刀具上的温度越高，因此切削速度是有限制的。但是20世纪二三十年代，德国的萨洛蒙发现，当切削速度超过一定范围后，切削温度反而下降，由此激励工程师们开发出了高速铣床，不仅极大地提高加工效率，加工质量也有很大提高。高速铣床的转速一般都在26 000～1 000 000 r/min以上。

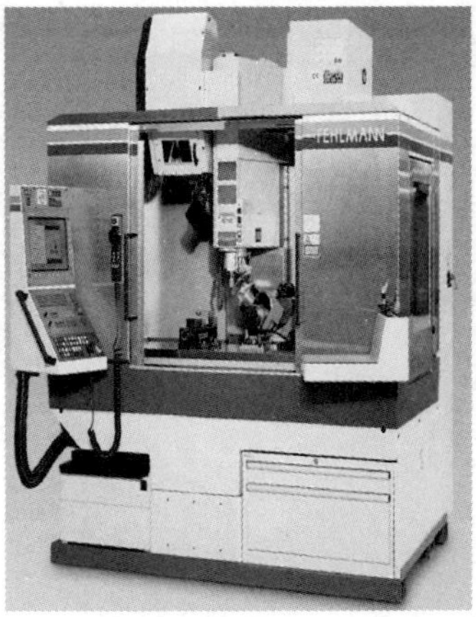

高速铣床

4.3.2　刀具

冲模可以在板料上加工出型孔。

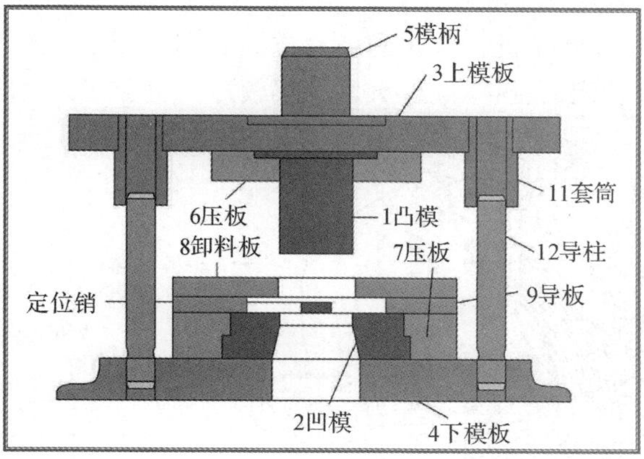

冲模

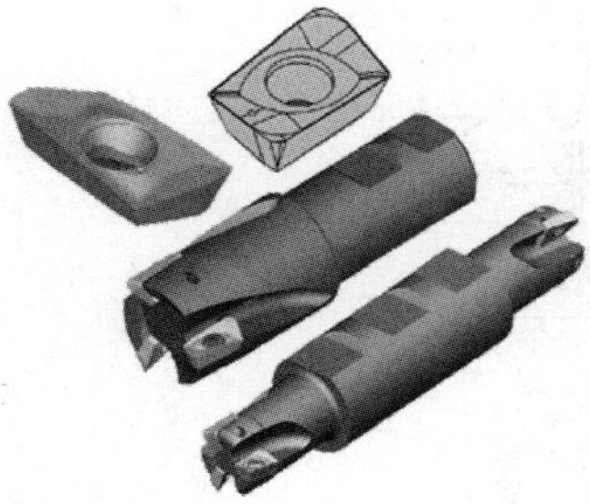

可转位立铣刀

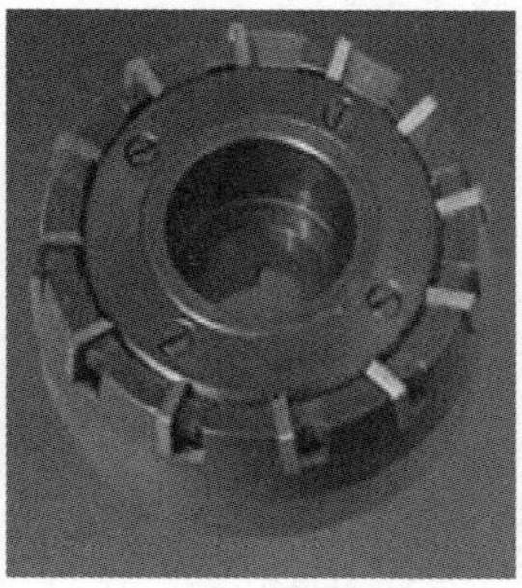

可转位端面铣刀

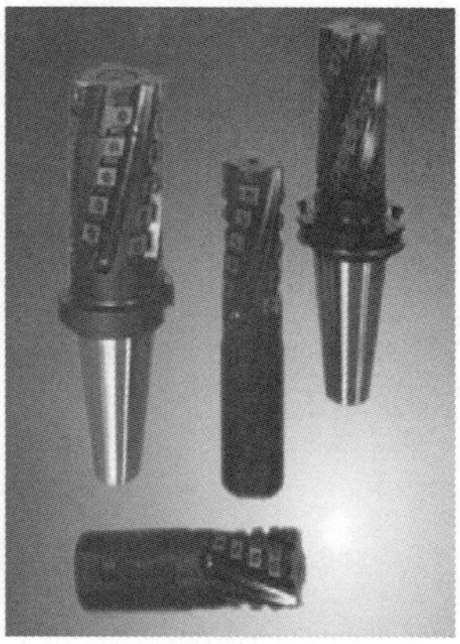

可转位立装铣刀

级进模可以在一套模具上对工件依次完成冲压和翻边工艺。麻花钻是加工孔的标准刀具。

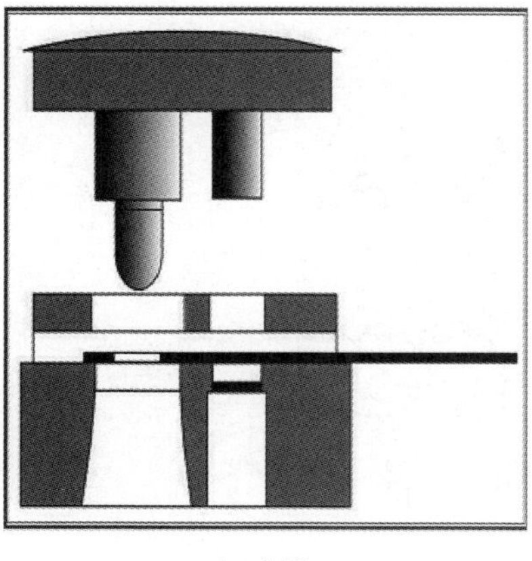

级进模

麻花钻

4.3.3 机床夹具

夹具就是保持工件在机床上正确位置的器具，可以分为通用夹具和专用夹具。通用夹具适应面广，但是未必能够提供最佳的定位和夹紧方式。车床用的三爪卡盘和四爪卡盘都是通用夹具。专用夹具适应特定的工件，定位夹紧方案较好。组合夹具性能介于二者之间。

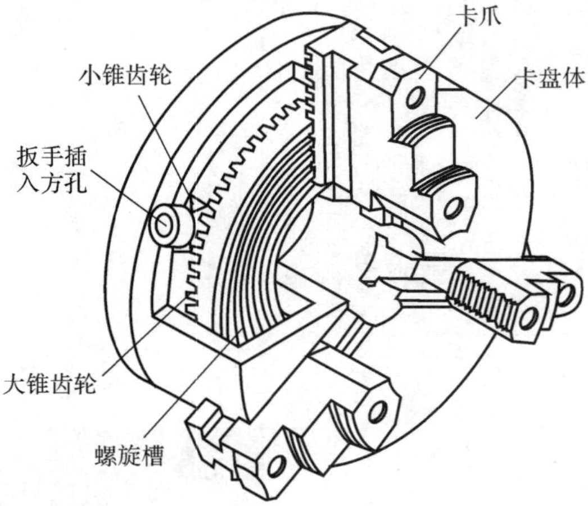

车床用的三爪盘

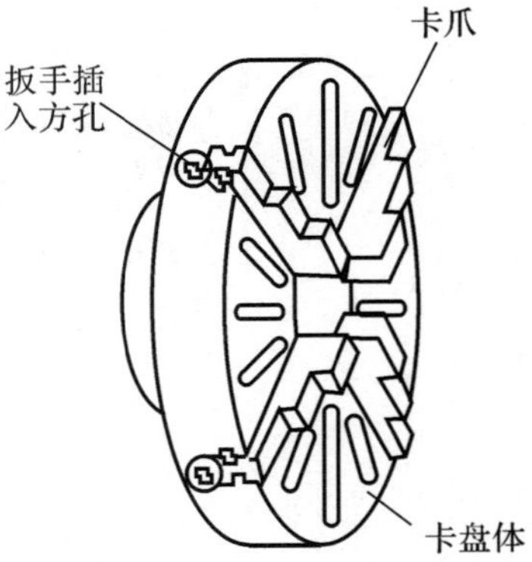

车床用的四爪盘

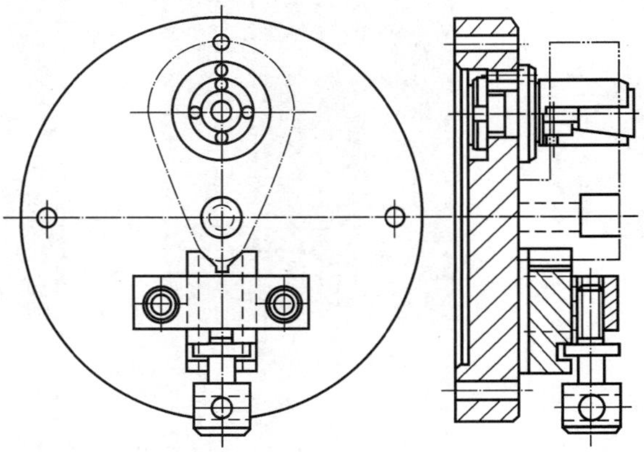

车床上的专用夹具

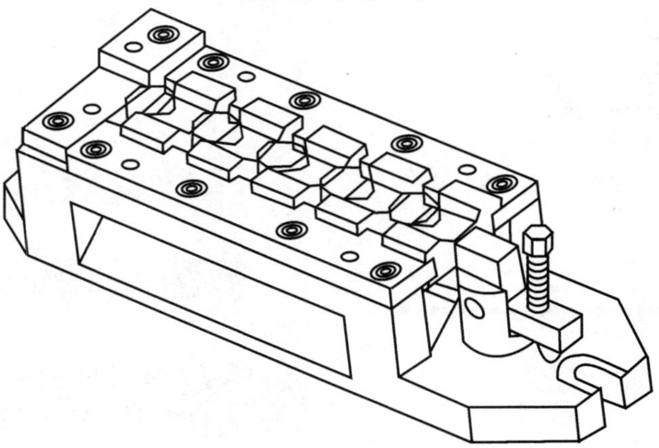

铣床用的专用夹具

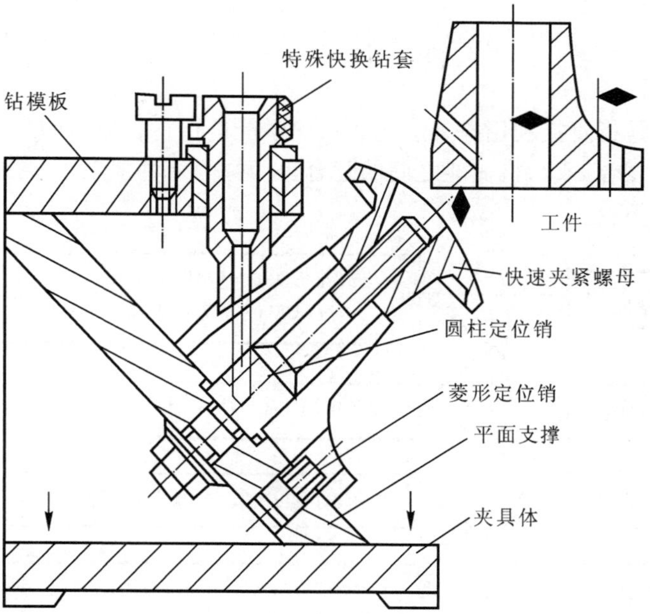

(a)固定式钻模

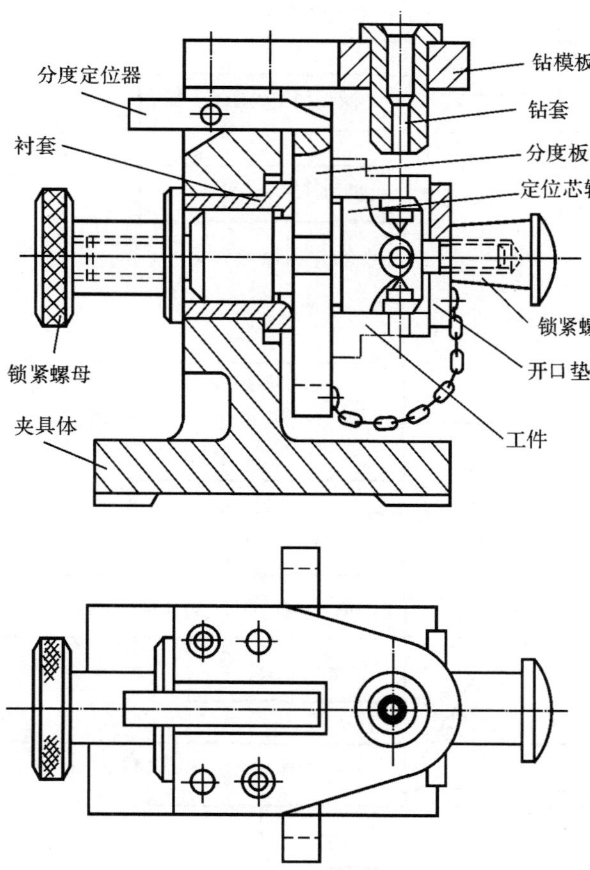

(b)回转式钻模

钻床夹具

4.4 特种加工技术

特种加工技术是指直接利用电、热、光、声、化学能进行材料蚀除的一种先进制造技术。上述能量之间的相互复合，或与机械能之间的复合也可称为特种加工。

特种加工的分类：

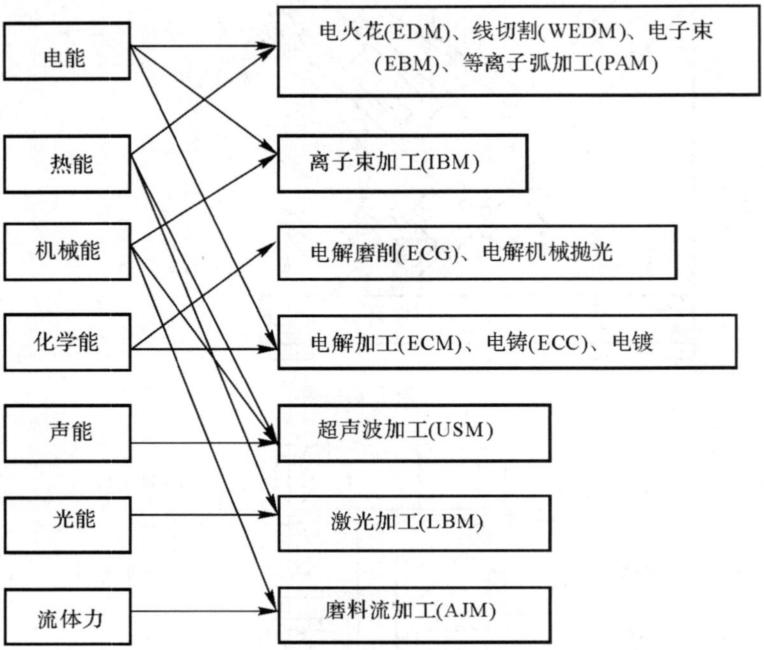

按能源和作用原理分类

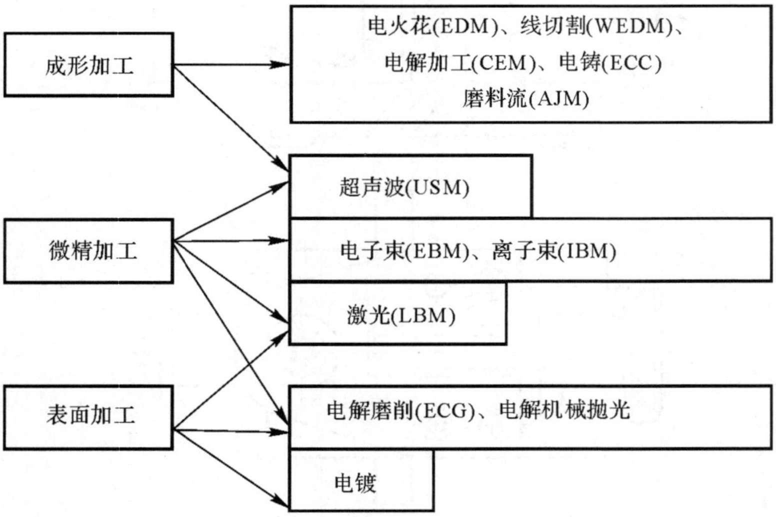

按成形和表面加工分类

特种加工对工件材料的适应性

加工方法＼工件材料	铝	钢	超级合金	钛	难熔合金	陶瓷	玻璃
电解加工	良	优	优	良	良	×	×
电火花加工	良	优	优	优	优	×	×
电子束加工	良	良	良	良	优	优	良
等离子弧加工	优	优	优	良	劣	×	×
激光加工	良	良	良	良	劣	劣	×
超声加工	劣	良	劣	良	优	优	优
化学加工	优	优	良	良	劣	劣	良
磨料喷射加工	良	良	优	良	优	优	优

特种加工对表面形状的适用性

加工方法＼表面形状	微小孔 $D/\mu m$		较大孔 D/mm		异型孔		型腔		立体型面	切割	
	<30	30～130	<20	>20	精密	一般	浅	深		薄	厚
电解加工			优	优	良	优	优	优	优	优	优
电火花加工			优	良	优	优	优	优	良	劣	
等离子弧			良		劣	劣				优	优
电子束加工	良	优	良	劣	劣	劣				优	良
激光加工	优	优	良	劣	劣	劣				优	良
超声加工			优	劣	优	优	劣	劣	劣	劣	
化学加工	良	良			劣	良	优	劣		优	
磨料喷射加工			良	劣	劣	良				优	

4.4.1 电火花加工

电火花加工是利用浸在工作液中的两极间脉冲放电时产生的电蚀作用蚀除导电材料的特种加工方法，又称放电加工或电蚀加工。

工艺过程：

(1)在最薄弱环节(间隙最小绝缘强度最低)处击穿、放电；

(2)间歇，在另一处击穿，无数小坑连成面；

(3)进给，以维持加工，面形成体。

产生电蚀的条件：

(1) 放电间歇：几 μm ～ 几百 μm；

(2) 脉冲放电：脉宽 10^{-7} ～ 10^{-3}s(0.1μs ～ 1ms)；

(3) 工作介质：绝缘度 10^4 ～ 10^7Ω·cm；

工艺特点：

(1)非接触加工，无机械力的作用；

(2)可加工硬度、强度极高的材料；

(3)可加工形状复杂或有微细孔窄缝的工件。

缺点：

(1)加工速度慢；

(2)工具电极有损耗；

(3)有表面变质层。

各类电火花机床：

电火花成形机床

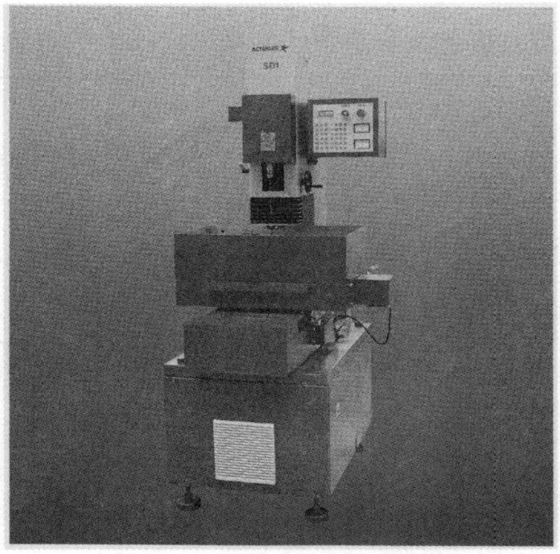

数控电火花小孔加工机 SD1

各类电火花加工的零件：

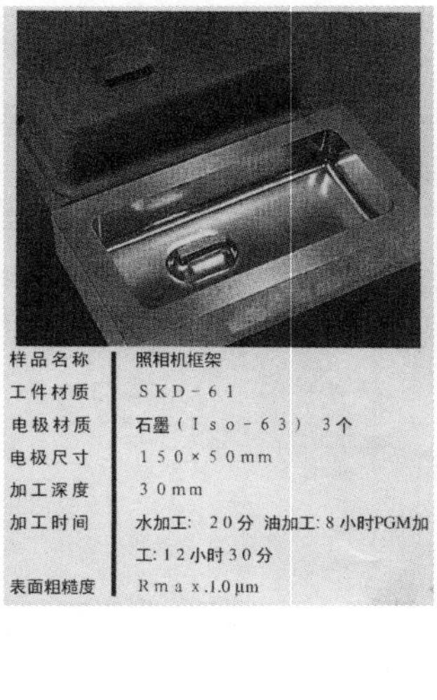

电火花加工零件

4.4.2 线切割加工

慢走丝线切割机床

线切割加工零件

4.4.3 电解加工

电解加工原理:电化学阳极溶解。

进行有效蚀除材料,实现零件成形的条件:①小间隙:0.05～1.0mm;②大电流:10～500A/cm²;③高压力:0.5～2.5MPa。

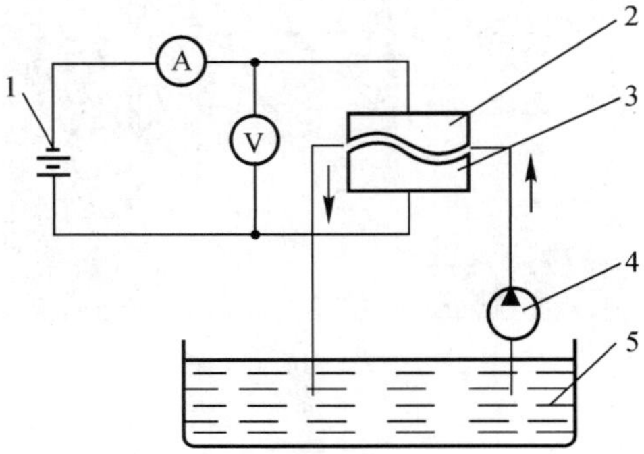

电解加工装置原理图

1—电源; 2—工具阴极; 3—工件阳极; 4—电解液泵; 5—电解液槽

工艺特点:

(1)凡是导电材料,不论硬度、强度、韧性多高,均可加工;

(2)复杂形状零件一次成形;

(3)表面质量好,不变形,无飞边毛刺,无残余应力;

(4)工具阴极原理上不消耗。

缺点:

(1)加工精度和加工稳定性有待提高;

(2)阴极设计研制周期长;

(3)附属设备多,占地面积大。

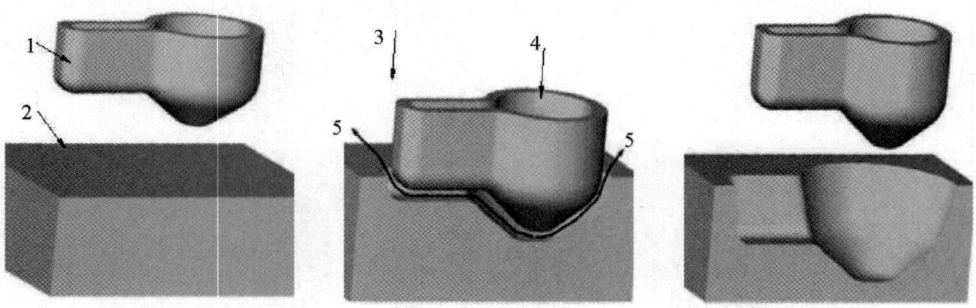

电解加工的成形方法(拷贝式)

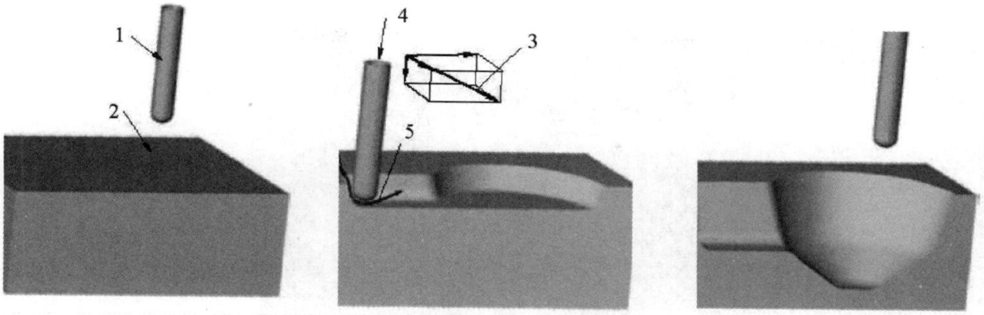

电解加工的成形方法(展成式)

电解加工设备由机床、电源、电解液系统及控制系统组成,其中混气电解加工的设备还包括空气压缩机。工艺装置包括作为刀具的阴极、装卡工件的夹具以及必要的附加装置(如进行混气电解加工时的气液混合腔,进行磁场复合电解加工的附加磁路),安装在机床的工作箱中。机床与电源、电解液系统以及控制系统之间导电排、管路以及控制线的连接组成卧式电解加工系统,如下图所示。

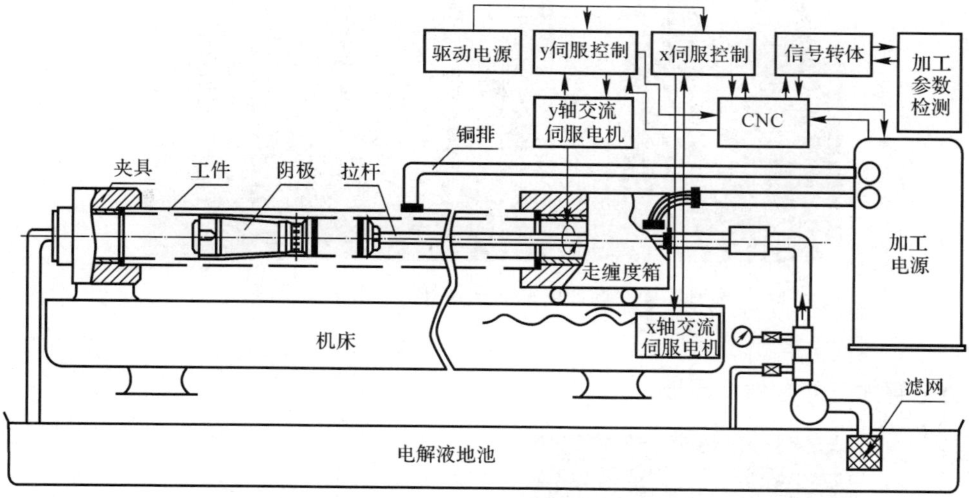

卧式电解加工原理图

各类电解加工机床:

三菱 5000A 立式电解加工机床

10000A 卧式电解加工机床

双面进给卧式电解加工机床

配有高频窄脉冲电源的立式数控电解加工机床

各类电解加工的零件及阴极：

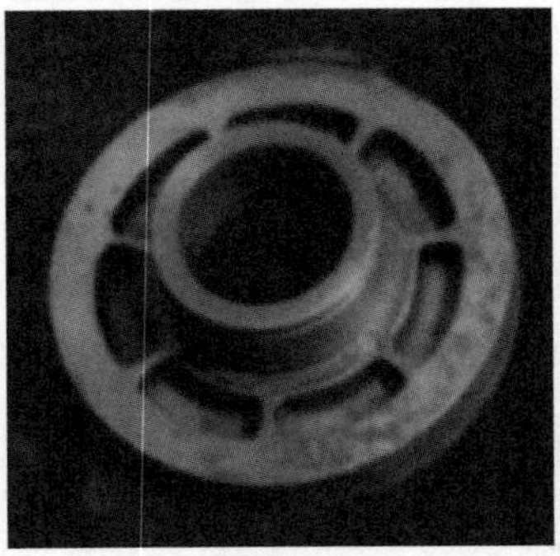

旋转盘 7 腰形槽工件

电解加工齿轮

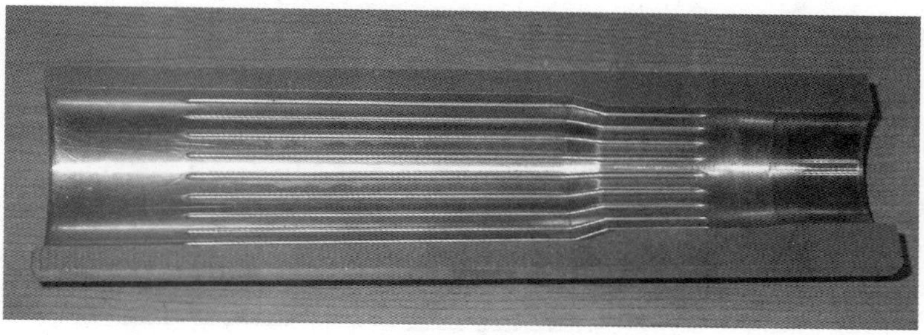

电解加工弹膛抛光槽剖视

抛壳槽阴极

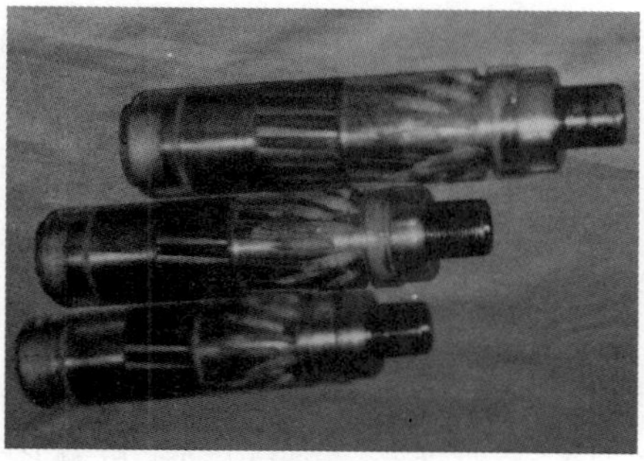

混合膛线阴极

内外键槽切片

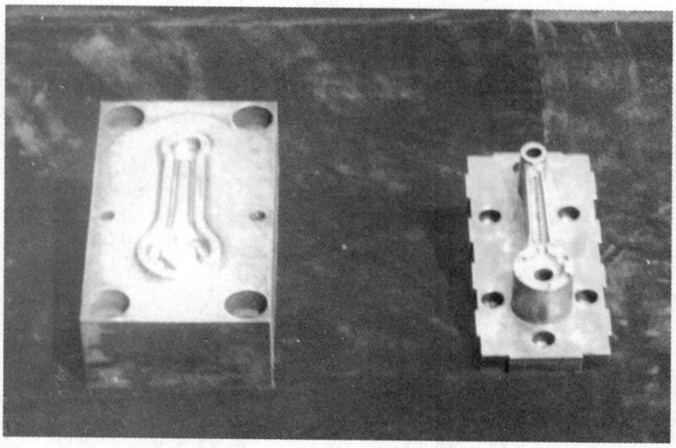

摩托车连杆电解加工锻模及阴极

4.4.4 激光加工

激光加工器的组成：

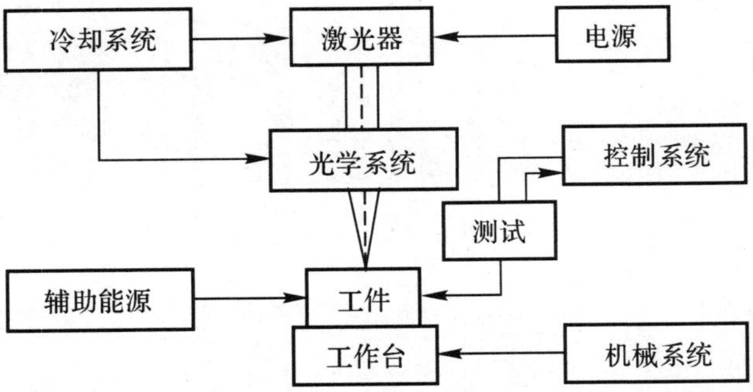

激光加工器的组成

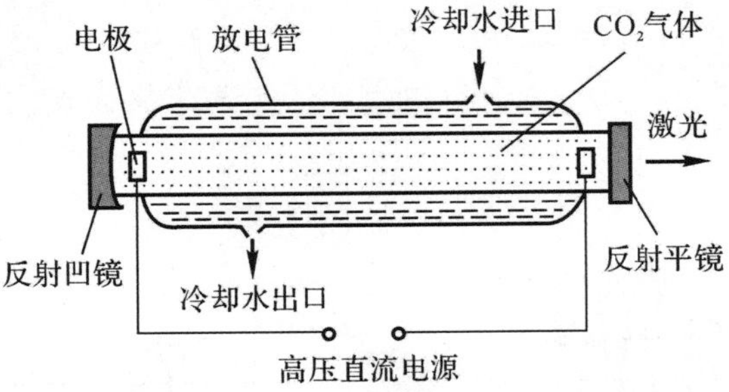

CO_2 激光器示意图

激光的特性：

(1)强度高。一台红宝石脉冲激光器的亮度比太阳表面亮度高 200 多亿倍。

(2)单色性好。频率(或波长)为一定值。

(3)相干性好。相干时间长或相干长度大(可达几十千米)，用它进行干涉测量时，可测长度大。

(4)方向性好。可聚至微米级，比最好的探照灯小几百倍。

激光焊接车身

激光切割

激光的应用：

①激光打孔；②激光切割；③激光打标；④激光焊接；⑤激光热处理；⑥激光存储；⑦激光测量。

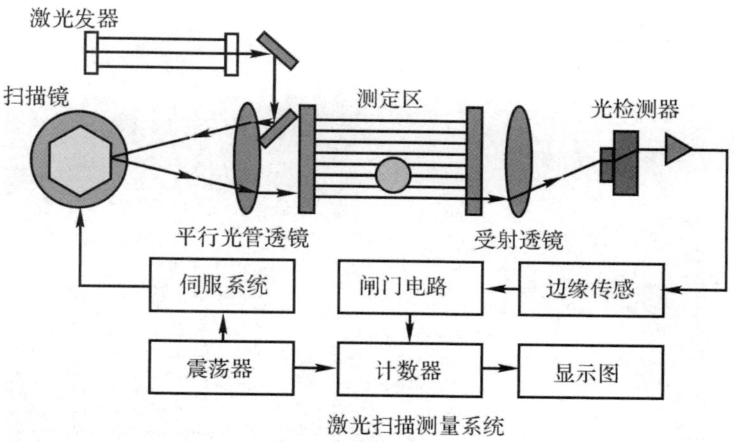

激光扫描测量系统

4.5　先进制造系统与先进制造技术

4.5.1　先进制造系统与先进制造技术

21 世纪科学技术的转移：

(1)信息科学技术。目前是发展高峰期，预计其中心科学技术的地位还可持续 40 年。

(2)生命科学技术。现在已开始注重其发展与应用，预计 21 世纪 30 年代开始将逐步变为中心科学技术。

(3)认知科学技术。智能化趋势现已显露，预计 21 世纪 70 年代开始将成为科学技术发展的中心。

高技术及其产业领域：

(1)信息科学技术(包括微电子、光电子科学技术)；

(2)生物科学技术(包括生命科学技术)；

(3)新能源科学技术(包括核能科学技术)；

(4)新材料科学技术(包括纳米科学技术)；

(5)环境科学技术(包括地球科学技术)；

(6)航空航天科学技术(包括军事科学技术)；

(7)海洋科学技术(包括地球科学技术)；

(8)先进制造科学技术(包括微机电系统科学技术)；

(9)管理科学技术(包括软科学技术)；

(10)认知科学技术(包括人脑和智能系统科学技术)。

世界科技中心的转移：

中国(3 世纪—13 世纪)→意大利(1540—1610)→英国(1660—1730)→法国(1770—1830)

→德国(1810—1920)→美国(1920 年至今)。

先进制造技术发展趋势:

精密化;柔性化;网络化;虚拟化;智能化;清洁化;集成化;全球化。

4.5.2 计算机集成制造

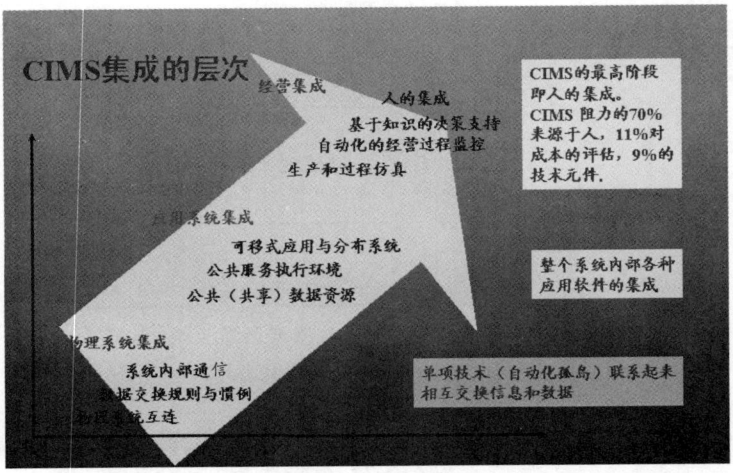

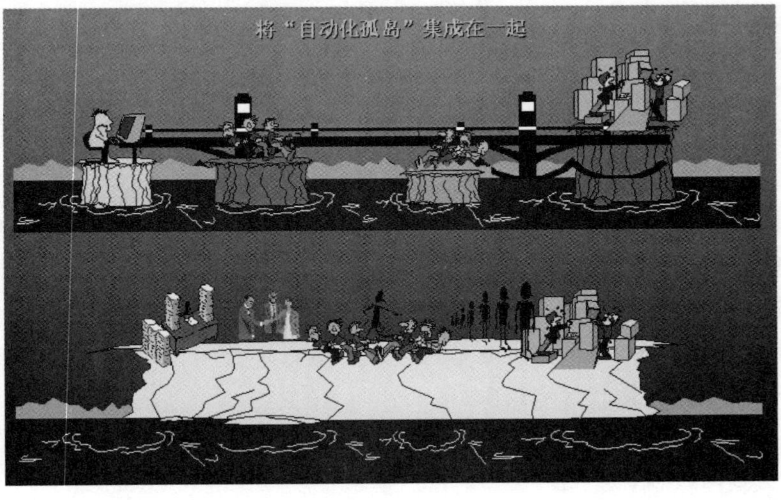

4.5.3 精良生产和敏捷制造

精良生产方式起源于日本丰田汽车公司，因此被称为“丰田生产方式”。1984 年，美国麻省理工学院集中了一批各国的高级专家，研究了日本汽车工业的做法。1990 年，美国 MIT 发表了一个“国际汽车共同研究报告”，将丰田生产方式命名为 LP，并将 LP 与欧美传统的大量生产方式(MP)进行比较。对 LP 的优越性表述如下：

(1)所需要的人力资源——产品开发、生产系统和其他部门，比 MP 均能减少至 1/2；

(2)新产品开发周期——可减少至 1/2～1/3；

(3)生产过程中的在制品库存——可减少至 MP 一般水平的 1/10；

(4)工厂占用空间——可减少至 MP 的 1/2；

(5)成品库存——可减少至平均库存水平的 1/4；

(6)产品质量——可提高 3 倍。

精良生产既是一种原理、一种新的管理理念，又是一种新的生产方式，它是继 MP 之后，对人类社会和人们的生活方式影响最大的一种生产方式。美国人认为：精良生产会真正改变世界的生产和经营形势，它将改变整个世界，对人类社会产生深远的影响。

三种生产方式的比较

项目 \ 生产方式	手工生产方式	大量生产方式	精良生产方式
产品特点	完全按顾客要求	标准化，品种单一	品种规格多样化，系列化
加工设备和工艺装备	通用，灵活，便宜	专用，高效，昂贵	柔性高，效率高
分工与工作内容	粗略，丰富多样	细致，简单，重复	较粗，多技能，丰富
操作工人	懂设计制造 具有高超技艺	不需专门技能	多技能
库存水平	高	高	低
制造成本	高	低	更低
产品质量	低	高	更高
权力与责任分配	分散	集中	分散

敏捷制造：美国国防部委托 Lehigh 大学与 GM 等大公司一起研究制定一个振兴美国制造业的长期发展战略，最终于 1991 年完成了“21 世纪制造业发展战略”报告，提出“敏捷制造”的概念。

精良生产与敏捷制造的比较

精良生产	敏捷制造
充分利用和增强大批量生产优势	采用大量定制生产方式
追求零缺陷，使用户完全满意	整个产品寿命周期用户满意
变批量、柔性生产	模块化产品设计和模块化制造系统
注重技术与操作，实行连续改进	注重组织与人员，实现动态重组
终身聘用、工龄工资	基于信任的雇佣关系，“社会合同”
多功能小组，协同工作	基于任务的组织与管理，多学科项目组
工厂级范围	涵盖整个企业范围，并扩展到企业之间
与供应商利益共享，风险共担	竞争、合作策略，组建虚拟公司
资源有效利用，消除冗余	在连续和不可预测变化的环境下发展
准时制生产	准时信息系统，网络制造
平稳进度计划，小批量，“零”库存	承认并快速响应市场变化

4.5.4 并行工程

美国防御分析研究所 IDA 于 1988 年在 R－388 报告中给出并行工程的定义：“并行工程是对产品及其相关过程（包括制造过程和支持过程）进行并行、一体化设计的一种系统化的工作模式。这种工作模式力图使开发人员从一开始就考虑到产品全生命周期中的各种因素，包括质量、成本、进度及用户需求。”

并行工程自 20 世纪 80 年代提出以来，美国、俄罗斯和日本等发达国家均给予了高度重视，成立研究中心，并实施了一系列以并行工程为核心的政府支持计划。很多大公司，如麦道公司、波音公司、西门子、IBM 等也开始了并行工程实践的尝试，并取得了良好效果。

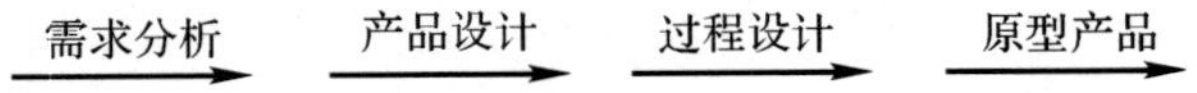

串行方法

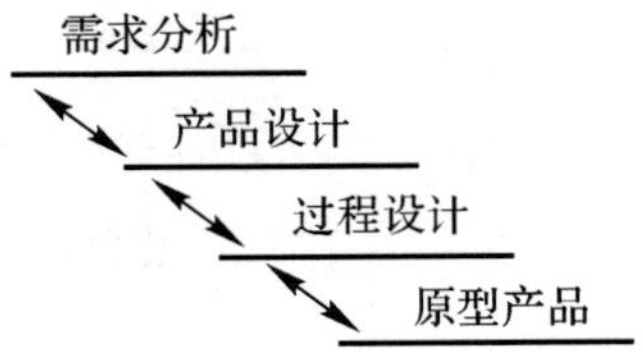

并行方法

过去的飞机开发大都延用传统的设计方法，按专业部门划分设计小组，采用串行的开发流程。大型客机从设计到原型制造少则 7～8 年，多则十几年。波音公司在 767－X 的开发过程中采用了全新的“并行产品定义”的概念，通过优化设计过程集合了最新管理方案，改善设计，提高飞机生产质量，降低成本，改进计划，实现了三年内从设计到一次试飞成功的目标。

波音 767－X 开发方式与传统方式的比较

	767－X 方式	传统方式
工程设计员	在 CATIA 上设计和发图 利用数字化预装配设计管路、线路、舱 利用数字化整机预装配确保满足要求 利用数字化整机预装配检查、解决干涉 利用 CATIA 进行产品插图	在硫酸纸上设计发图 在硫酸纸上设计 利用样机 在生产制造过程处理 利用样件手工绘制
工程分析员	用 CATIA 进行分析 发图前完成设计载荷分析	用图纸分析 鉴定期完成
制造计划员	与设计员并行工作 在 CATIA 上设计工程零件树 用 CATIA 建立插图计划 检查重要特征，辅助软件改型管理	常规顺序 设计零件 建立工程图 无
工装设计员	与设计员并行工作 用 CATIA 设计工装并发图 用 CATIA 预安装检查、解决干涉问题 零件或工装预装配，确保满足要求	常规顺序 用硫酸纸设计 在生产工装时处理 在生产工装时处理
NC 程序员	与设计员并行工作 用 CATIA 生成和检查 NC 过程	常规顺序 用其他系统
用户服务组	与设计员并行工作 用 CATIA 设计所有地面保障设备并发图 技术出版利用工程数据出版资料 零件与地面保障设备预装配，确保满足要求	常规顺序 用硫酸纸设计 手工插图 生成零件/工装
协调人员	设计制造团队	各种机构

4.5.5　虚拟制造

虚拟制造作为一个全新的概念，是信息时代制造技术的重要标志。

佛罗里达大学 Gloria J. Wiens 给出虚拟制造的概念：与实际一样在计算机上执行制造过程，其中虚拟模型是在实际制造之前，用于对产品的功能和可制造性的潜在问题进行预测。

美国空军 Wright 实验室认为：虚拟制造是仿真、建模和分析技术及工具的综合应用，以增强各层制造设计和生产决策与控制。

马里兰大学 Edward Lin 等认为：虚拟制造是一个用于增强各级决策与控制一体化的、综合的制造环境。

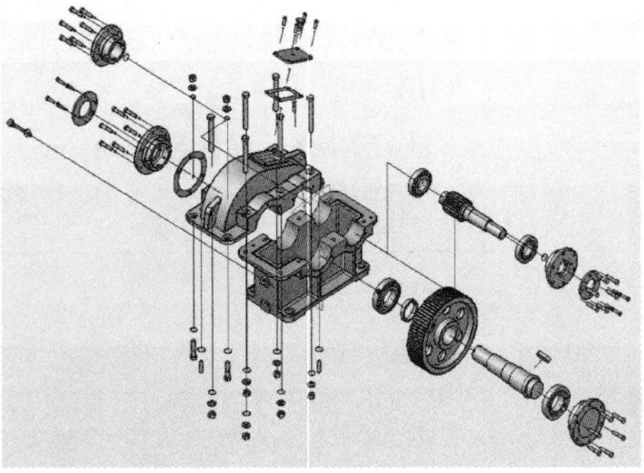

数字化装配

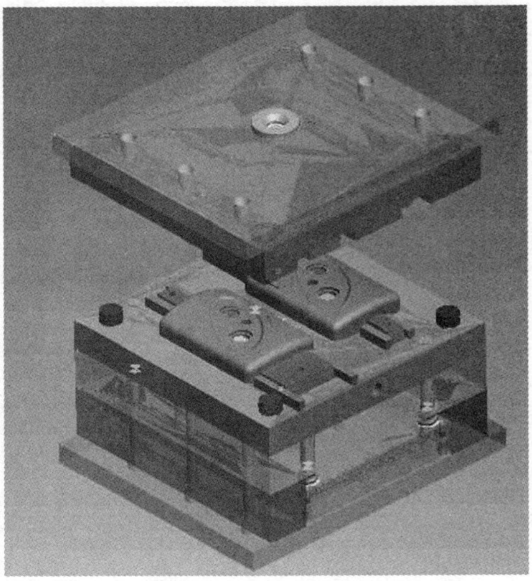

计算机辅助模具设计

制造过程仿真

4.5.6 绿色设计和绿色制造

绿色设计指在产品整个生命周期内，优先考虑产品的环境属性（自然资源利用、可拆卸性、可回收性、可重复利用性等），并将其作为设计目标，在满足环境目标的同时，并行地考虑并保证产品应有的基本属性（功能、使用寿命、质量、成本等）。

绿色设计的特点：

(1)绿色设计拓展了产品的生命周期；

(2)绿色设计是并行的闭环设计；

(3)有利于环保；

(4)节约资源和能源。

绿色设计与传统设计的比较：

绿色设计与传统设计的比较

比较项目	传统设计	绿色设计
设计依据	依据用户对产品提出的功能、性能、质量及成本要求来设计	依据环境属性与产品的基本属性来设计
设计人员	很少考虑产品的环境属性	要求设计人员在产品构思及设计阶段必须考虑降低能耗、资源重复利用及环保
设计工艺	在制造和使用中很少考虑产品回收，仅优先考虑贵重金属材料的回收	在产品制造和使用中可拆卸回收，不产生毒副作用，保证产生最少废弃物
设计目的	为需求设计	为需求和环境而设计，满足可持续发展的要求
产品	传统意义的产品	绿色产品或绿色标志产品

绿色设计产品：

环保型手压发电手电筒采用环保设计，高效机械发电装置；永远不需电池，绿色环保节约能源，不污染环境，可随时使用；不需要更换灯泡，采用超亮 LED 发光体，使用寿命长。

光动能环保手表无须更换电池、可使用任何光源驱动。

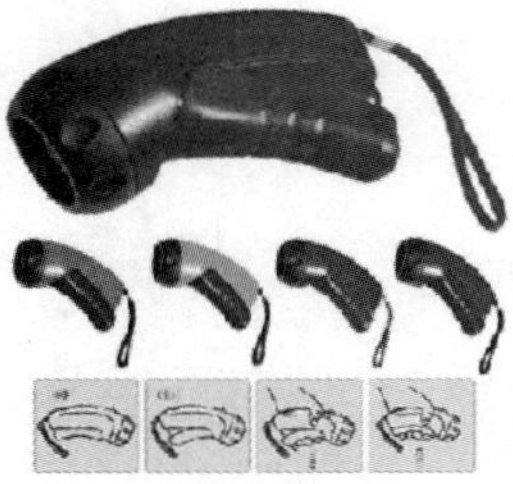

环保型手压发电手电筒

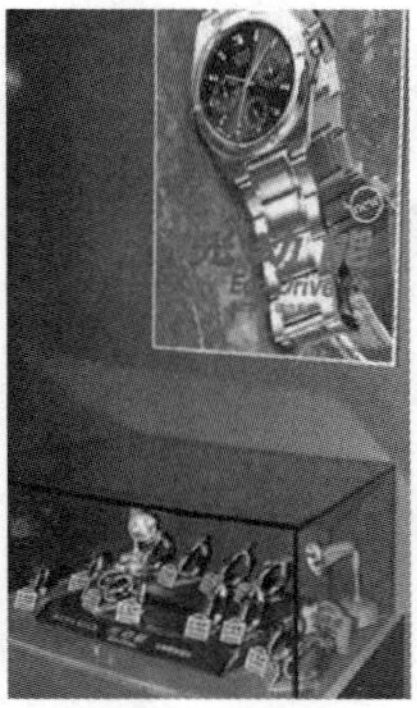

光动能环保手表

带洗面喷头的节水龙头

绿色制造是一个综合考虑环境影响和资源效率的现代制造模式，其目标是使产品在从设计、制造、包装、运输、使用到报废处理的整个产品生命周期中，对环境的不利影响最小，资源效率最高，并尽可能地使废弃物资源化和无害化，从而使系统经济效益和社会效益达到最优。由这种总体贯穿可持续发展理念而设计的制造系统称为绿色制造系统。

4.6　包装工程

4.6.1　包装的应用

一个国家包装工业的发展水平及其包装设计研发理念，是该国经济生活中文明程度的重要标志。包装产业不仅涵盖了包装产品的设计、生产、包装印刷、包装原辅材料供应、包装机械以及包装设备制造等多个生产领域，其包装制品还参与到第一至第三产业，货物流通的每一个环节。中国的包装工业是在改革开放的大潮中发展和壮大起来的。经过20年左右的发展，目前中国的包装工业已形成了一个以纸、塑料、金属、玻璃、印刷和包装机械为主要产品的独立、完整、门类齐全的工业体系，广泛用于食品、日用品、医药保健品、烟草、化工用品、电子电器等各行各业产品的包装。包装技术已渗透到了各行各业的产品包装中。气调包装技术、无菌包装技术、收缩与拉伸包装技术、纳米技术、缓冲防护技术、防伪技术等包装技术广泛用于产品的包装中，有效地保证了产品在物流中的安全并促进销售。

食品的包装

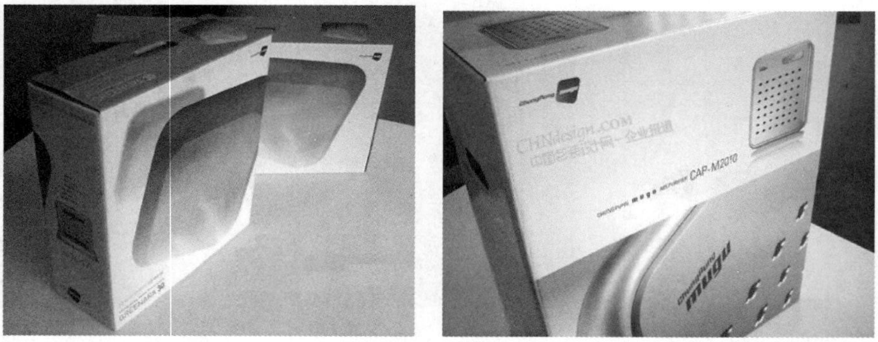

电子产品的包装

酒类的包装

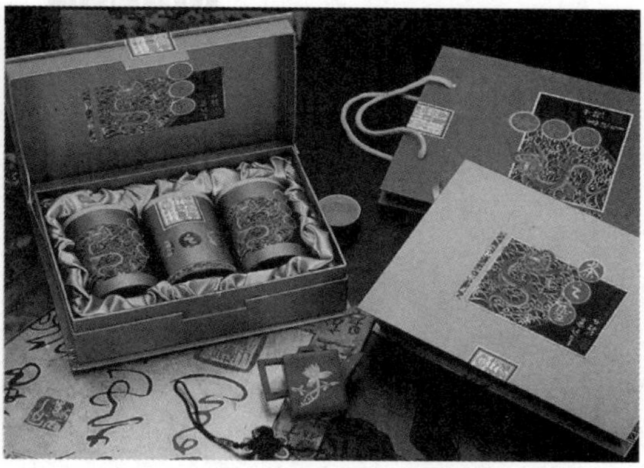

茶叶的包装

化妆品的包装

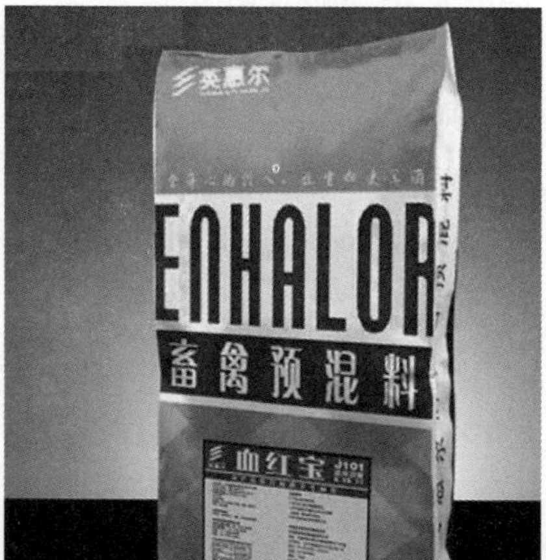

农产品的包装

4.6.2 包装材料

常见的缓冲材料。

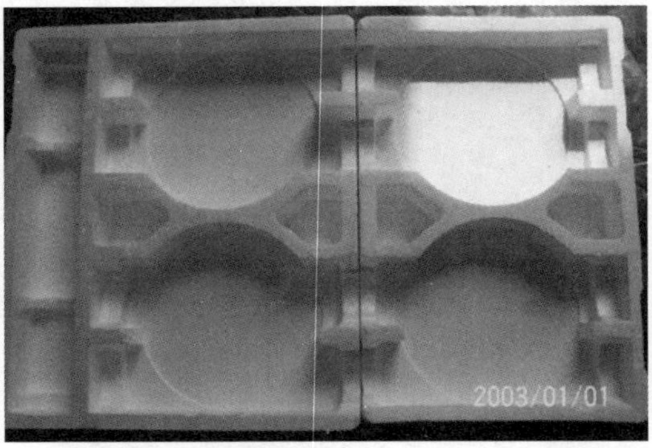

泡沫塑料

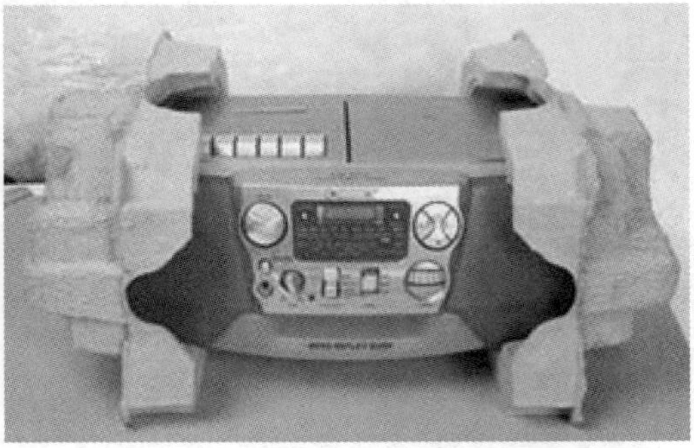

纸浆模塑

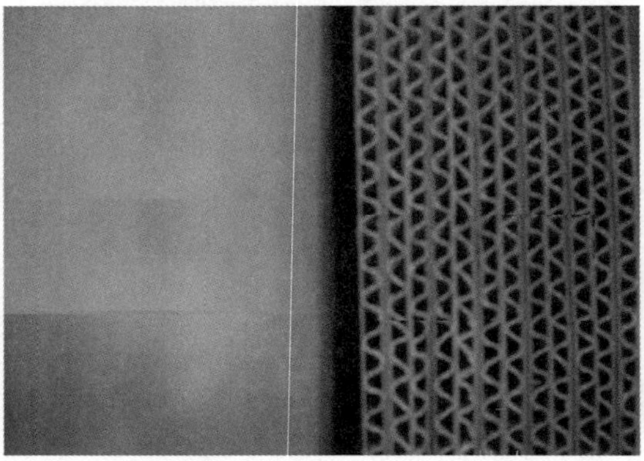

瓦楞纸板

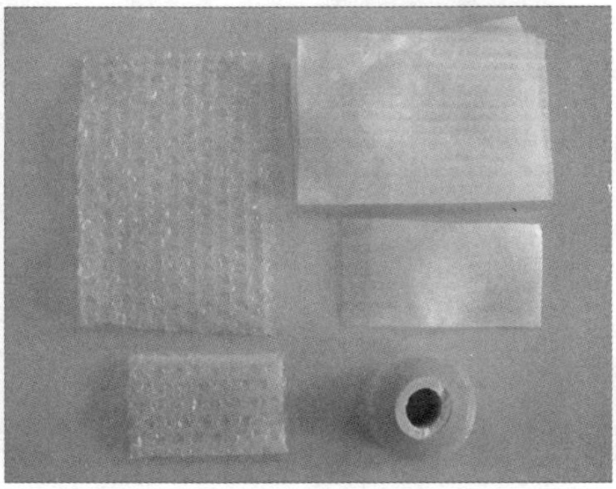

气泡塑料薄膜

4.6.3 包装设计

现代包装设计，就是以保护产品安全流通，方便储运，促进销售为目的，依据特定产品的性质、形态和流通意图，通过策划定位与构思形成概念，以艺术和技术相结合的方法，采用适当的材料、造型、结构、视觉信息传达和防护技术处理等方式综合创造新型包装实体的活动过程。其分为运输包装设计和销售包装设计两大部分。

运输包装是以满足运输储存为主要目的的包装。它具有保障产品的安全，方便储运装卸，加速交接、点验等作用。一般采用缓冲材料即运输包装器具和结构进行防震包装，达到在储运过程中，延长冲击时间，减少作用在产品上的冲击力（动量定理），有效保护产品的作用。

常见运输包装器具和结构：

瓦楞纸箱

木箱

塑料容器

塑料托盘

金属运输包装容器

商品销售包装要按照商品的性质、形态、数量和所销售的不同国家和地区的特点，设计出科学的结构和造型，不但具有容纳、保护内装物的性质与形态，保持内装物的数量不变，保护消费者安全使用商品，方便生产、储运、陈设、销售、携带、消费、处理等自然（物质）功能，还具有塑造商品的品牌形象，美化商品，吸引注意，准确迅速地传达商品信息，正确有效地引导消费商品和提高商品附加值的社会（精神）功能。

包装结构设计包括折叠纸盒结构设计、粘贴纸盒结构设计、瓦楞纸箱结构设计、塑料包装容器结构设计、玻璃包装容器结构设计、金属包装容器结构设计、瓶盖结构设计等。

包装装潢设计

4.6.4 包装机械

包装机械是指那些完成全部或部分包装过程（主要包装工序及其相关前后工序）的机器。包装机械作为现代包装工业体系中主要支柱，发挥着强有力的包装的执行手段的作用。实现包装机械化和建立现代包装工业，乃是关系到国家长远规划的一件大事。

我国的包装机械起步较晚。20 世纪 80 年代初，国家将包装机械列入独立的新兴行业加以重点规划，通过引进、消化、吸收国外先进包装机械技术，我国的包装机械得到迅猛发展，部分包装机械已出口到东南亚国家，但与发达国家相比，还存在着很大的差距，特别是包装机械的设计实力还比较薄弱。

包装机械主要分为袋装机械、灌装机械、封口机械、装盒装箱机械、捆扎机械、贴标机械、收缩包装机械等。

袋装机械：适用于饼干、面包、速食面、月饼、糖果、药品、日用品、五金零件、纸盒或托盘等各类固态有规则的物体的包装。

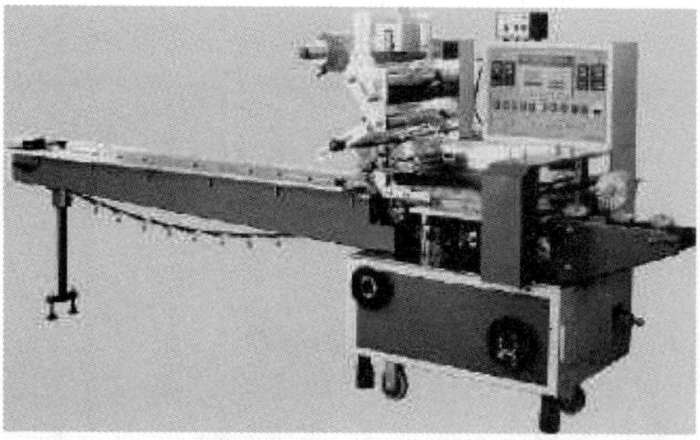

卧式枕形袋装机

灌装机械：用于液体物料的包装，分为常压灌装机、等压灌装机、真空灌装机、压力灌装机等。

灌装机

封口机械：用于刚性容器的封口，主要有卷边封口、压盖封口、滚纹封口、旋盖封口、压塞封口和滚边封口等。

旋盖机

装箱机械：

垂直装入式装箱机

裹包式装箱机

贴标机械

第5章

电工电子与通信工程

5.1 电气工程与电子学

5.1.1 电工科技史

电工科学技术是与研究电磁现象的应用有关的基础科学、技术学科及工程技术的综合。19世纪末，电工技术已形成了电力和电信两大分支。进入20世纪以后，发展和形成了如无线电技术、电子技术、自动控制技术等许多独立的学科。

人类从自然界的电闪雷鸣和天然磁石上开始注意到电磁现象。

1800年伏打发明了最早的化学电池。

1838年莫尔斯发明了商用电报机。

1876年贝尔试验成功电话。

1879年爱迪生发明灯泡。

1886年制成了三相感应电动机。

1886年美国开始建设发出交流电的电厂，从此人类进入了电气化时代。

电力传输

指南针

强大的电力

电动机

5.1.2 电子学发展史

电子学诞生迄今只有 100 年左右的历史，它是在早期的电磁学和电工学的基础上发展起来的。

电子管是电子器件的第一代，在晶体管发明以前的近半个世纪里，电子管几乎是各种电子设备中唯一可用的电子器件。

晶体管的发明将电子学推向了一个新的阶段。

1958 年集成电路的发明使电子学进入了微电子学时期，是电子学发展的又一次重大飞跃。

1923 年发明了摄像管和显像管，第二次世界大战后，电视广播便在各国逐渐普及。

1938 年制成第一部能指挥火炮射击的火炮控制雷达。

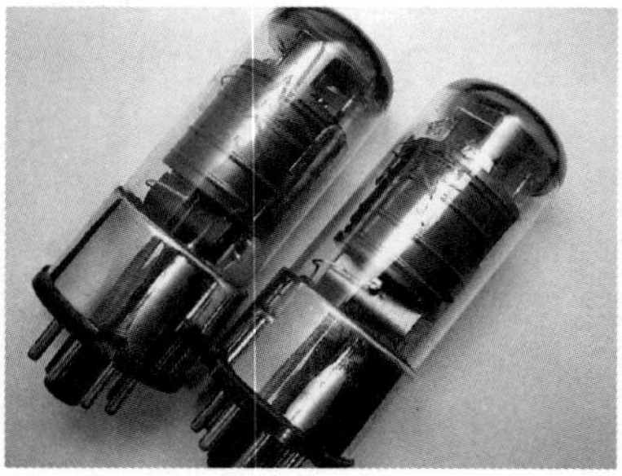

电子管

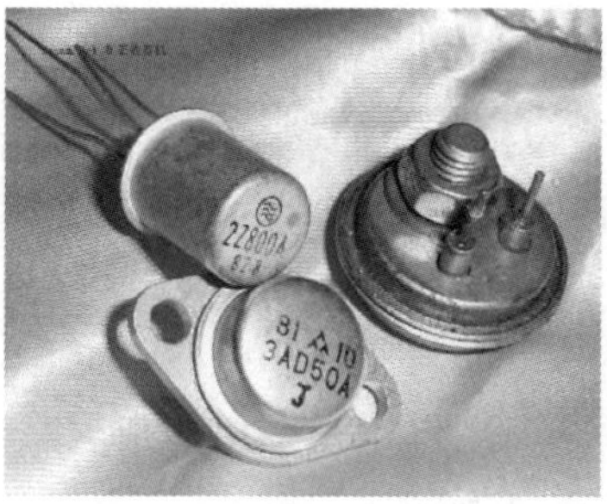

电子元件

集成电路

早期电报机

5.1.3 电子学的应用

电子学是应用和渗透范围很广的学科之一。

数控机床、机械手和机器人用于工业领域，极大地提高了现代工业的劳动生产率。

通信网用于传递气象情报，计算机用于气象情报处理并作出预报，给农业带来了很大好处。

情报电子侦察、通信联络、分析决策、指挥控制等用于军事领域，提高了各种武器装备的性能，电子战成为引人注目的战争形式。

巨型射电望远镜、遥感技术等用于科学研究，为科学研究提供强有力的手段。各行各业的科学工作者，利用联机检索系统和通信网可以从浩如烟海的资料库中迅速查询所需的资料。

多媒体等技术用于教育，为教育的现代化提供了保证。

电子监护系统、辅助诊断系统、X 射线断层成像、图像处理技术等用于医学领域，促进了现代医学的发展。

军事领域的应用

航天领域的应用

5.1.4　电路理论

电路理论是关于电器件的电路模型、电路分析、电路综合等方面的理论。电路理论是物理学、数学和工程技术等多方面成果的融合。物理学，尤其是其中的电磁学为研制各种电路器件提供了原理依据，对各种电路现象作出理论上的阐述；数学中的许多理论在电路理论中得到广泛的应用，成为分析、设计电路的重要方法；工程技术的进展不断向电路理论提出新的课题，推动电路理论的发展。

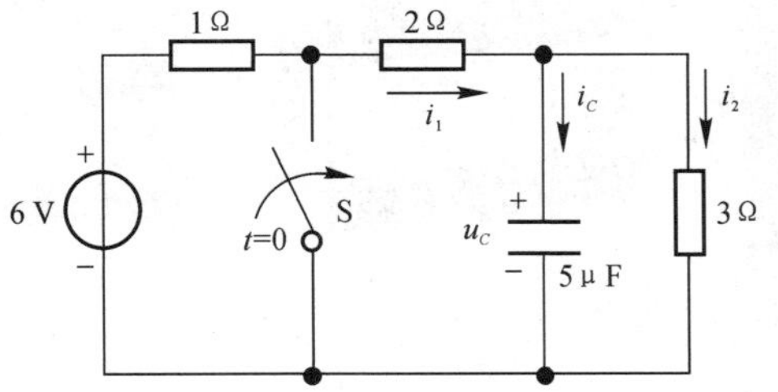

电路图

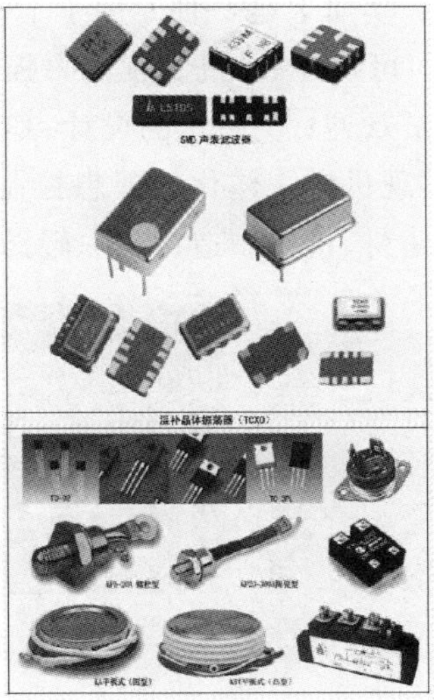

各种元件

电路分析是根据已知的电路结构和电路元件，计算电路的响应，以研究电路特性的过程。电路设计是根据已知的激励和某些响应（即输出）确定电路和电路元件的过程。因此，电路综合可以采用优化技术。

5.1.5 单片机

单片机又称为微型控制器，是在一块硅片上集成了各种部件的微型计算机。上面包括中央处理器(CPU)、数据存储器(RAM)、程序存储器(ROM)、定时器/计数器和多种 I/O 接口电路。单片机的中央处理器由运算器和控制逻辑构成，可以对数据进行加、减、乘、除等算术运算，也可进行“与”“或”等逻辑运算。它的特点是体积小、质量轻、功耗小、性价比高和具有很强的灵活性。根据单片机数据总线的不同，可分为 8 位、16 位或 32 位单片机。单片机执行的功能程序可以采用汇编语言或 C 语言编写，使用简单方便。目前，单片机已被广泛地应用于航空航天、工业控制等领域。

PLCC 封装的单片机

DIP 封装的单片机

5.1.6 可编程控制器

可编程控制器(Programmable Controller,PLC)是一种专门为在工业环境下应用而设计的电子装置。实质上是一种专用于工业控制的计算机，其硬件结构基本上与微型计算机相同。其特点为：① 可靠性高，抗干扰能力强；② 配套齐全，功能完善，适用性强；③ 易学易用，深受工程技术人员欢迎；④ 系统的设计、建造工作量小，维护方便，容易改造；⑤ 体积小、质量轻、能耗低，是实现机电一体化的理想控制设备。目前，PLC 在国内外已广泛应用于钢铁、石油、化工、电力、建材、机械制造、汽车、轻纺、交通运输、环保及文化娱乐等各个行业。

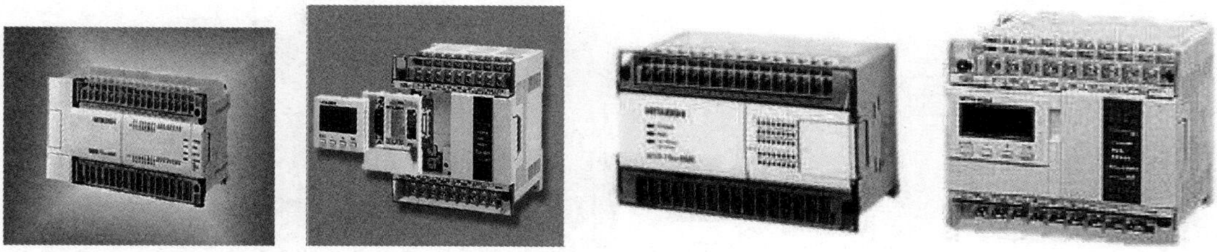
不同型号的 PLC

5.1.7 数字信号处理器

DSP 芯片，也称数字信号处理器，是一种特别适合进行数字信号处理运算的微处理器，主要应用于实时快速地实现各种数字信号处理算法。

DSP 主要生产厂商有 TI,AD,Motorola,NEC,Philips 等,市场上占较多份额的是 TI 公司的 TMS320 系列。

TMS320 DSP 分为 C2000,C5000,C6000 三个系列。

C2000 系列主要应用于复杂控制系统领域。

C5000 系列满足了低功耗系统的要求,具有高处理性能、可选多种外设、小封装,被广泛应用于移动上网及移动通信设备、医疗设备、智能电话、调制解调器、3G 手机和数码摄像机中。

C6000 系列专门针对诸如宽带系统物理层应用以及音频和图像处理应用作了优化,定点系列处理能力可达到每秒百万条指令,浮点系列处理能力可达到每秒百万次浮点运算。

TMS320C5000 系列的各种 DSP

5.1.8　数据采集

数据采集是利用各种 A/D 转换器,将模拟量转换成数字量,再送到计算机中进行处理、传输、显示、存储或打印。根据采集对象要求不同,A/D 转换器有 8 位、12 位、16 位等型号,不同位数的 A/D 转换器具有不同的采集精度。对数据采集系统来说,要完成数据的采集与存储,需要按照采集系统中的每个器件的工作时序,完成信号的数据采集。数据采集技术在工业生产及实验研究中,如航空航天、电力工程、冶金工业、化工生产、机械制造等许多领域中有着广泛应用前景。

12 位 A/D 转换器

图像数据采集卡

5.2　机器人技术

5.2.1　人与机器人

宇宙完成了从无机物到有机智能生命(生物人类),再到智能无机物(智能机器人)的一次逻辑上升运动。生物人类的有关形态、智能以及感情将被遗传、传递给智能机器人。至此,人类的“灵魂”有了接续和发展。人类自身完成了由开始生成至最后面临消亡的全过程，完成了接力赛的一个环节，并交出了接力棒。智能机器人将以更好的数学、物理完备性诞生于世界，它们将以更大的时空范围，生活、繁衍，发展在宇宙之中。

军用智能机器人

5.2.2 仿生机器人

2006 年 3 月 2 日，美国东北大学海洋科学中心展出能在水下自动行走的仿生机器人——机器龙虾(BUR－001)。仿生机器人相对小巧灵活，造价低廉。它们依靠电子神经系统、传感器及新颖的驱动装置。最重要的是，它们能提供像动物那样应对真实环境的能力。

Urbie(市区)机器人是一种能以视觉导引并能自动爬坡的机器人。它是美国 NASA 喷射推进实验室、iRobot 公司、卡内基・梅隆大学机器人学院和南加州大学机器人研究实验室共同合作的成果。

机器龙虾(BUR－001)

Urbie(市区)机器人

5.2.3　军用机器人

SeaGlider(海洋滑翔机)主要功能是监控水域。它能用内置的卫星电话每隔几个小时(例如常为每 4 小时)向海军相关人员发送信息。SeaGlider 也能用卫星电话接受指令,其内置 GPS 全球定位系统和导航设备能根据指令找到需要监控的水域。

X—47A 由诺斯罗普·格鲁曼公司和美国国防高级研究计划局(DARPA)共同研制。这种飞机的开发研究始于 2001 年。X—47 拥有 4 000 磅的有效载荷及 1 600 千米的航程,具有高度隐身功能,并能完全自动操作(包括在软件控制下着陆和起飞)。无人驾驶飞机将被用于危险的任务,例如摧毁敌方的防空系统及侦察和搜索。

SeaGlider(海洋滑翔机)

X—47A 高度隐身无人驾驶飞机

5.2.4　机器人前沿技术

机器人是一种自动化的机器,所不同的是这种机器具备一些与人或生物相似的能力,如感知能力、规划能力、动作的协同能力,是一种具有高度灵活性的自动化机器。

特种机器人技术的本质是感知、决策、行动、交互四大技术的结合。随着人们对特种机器人技术智能化本质认识的加深,特种机器人技术开始源源不断地向人类活动的各个领域渗透。

目前,主要开展非结构化环境作业的新型移动机器人、仿人与仿生机构学与动力学、新型传感器与传感器信息处理和融合、基于网络的机器人技术、人机交互与人机共存环境、微小型机器人的能量供给、通信、控制与检测、微系统设计与集成等研究。关键技术是攻关针对水下作业、管道作业、农林作业、微操作、医疗与服务等领域应用特种机器人的需求。包括水下作业机器人支撑技术;微小型机器人系统的微视觉、微驱动器;面向医疗的影像信息融合、医用机器人机构与人机交互导航与控制;农业机器人的共性技术与先进设计平台;具有开放式结构的标准化、模块化、网络化机器人控制器,多传感器系统及导航定位技术;面向遥控操作机器人的临场感技术与虚拟现实技术以及仿人机器人创新机构设计、协调控制及人类行为特征的模拟与实现等。

德国莱茵金属公司 KZO 战术无人机

装有机枪的英军无人地面车

5.3 通信技术

5.3.1 程控交换技术

自 1876 年贝尔发明电话，电话的普及和发展带动了 20 世纪最大的电信产业的诞生及蓬勃发展。

早期的交换采用人工交换方式，随后出现了机电交换方式。

自动电话交换由机电方式向程控方式演变，是 20 世纪电话通信的又一次重大变革。程控电话交换机就是电子计算机控制的电话交换机。它是利用电子计算机技术，用预先编好的程序来控制电话的接续工作。

程控交换技术对于电信的交换技术产生的影响是巨大的。程控交换是以计算机作为交换技术的核心，它的发展，导致历史上各种交换技术都迅速退出了历史舞台。也就历经 20 年左右的时间，程控交换取代了各种交换技术，在电路交换、报文交换、分组交换的基础上，产生了以路由技术为基础的交换技术，这一技术现在还在继续发展。随着数据业务的需求不断提高，加上 IP 技术的广泛使用，可以提供更加适合的传输方法。从业务需求上看，数据的应用将会超过话音的传输，逐步成为通信技术的主流；从技术上来看，以 IP 技术为核心的传输将会逐步超过传统的电路交换。这使得人们对于交换技术今后的发展产生了很大的疑问，传统意义上的交换技术还能维持多少年？

程控数字交换与数字传输相结合，可以构成综合业务数字网，不仅能实现电话交换，还能实现传真、数据、图像通信等的交换。程控数字交换机处理速度快、体积小、容量大、灵活性强、服务功能多，便于改变交换机功能，便于建设智能网，向用户提供更多、更方便的电话服务。因此，它已成为当代电话交换的主要制式。

程控交换机实质上是采用计算机进行“存储程序控制”的交换机，它将各种控制功能、方法编成程序，存入存储器，利用对外部状态的扫描数据和存储程序来控制、管理整个交换系统的工作。

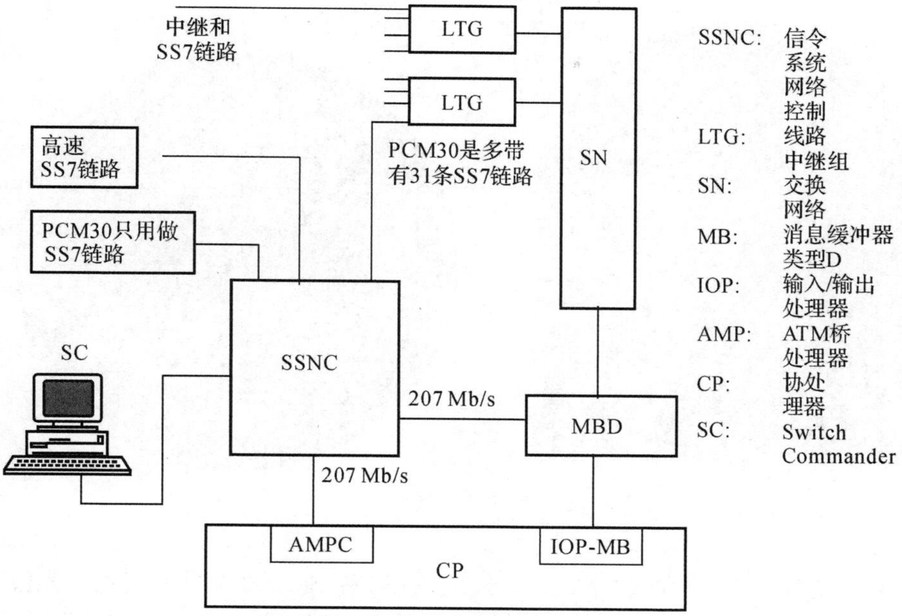

西门子 D900 系统结构原理图

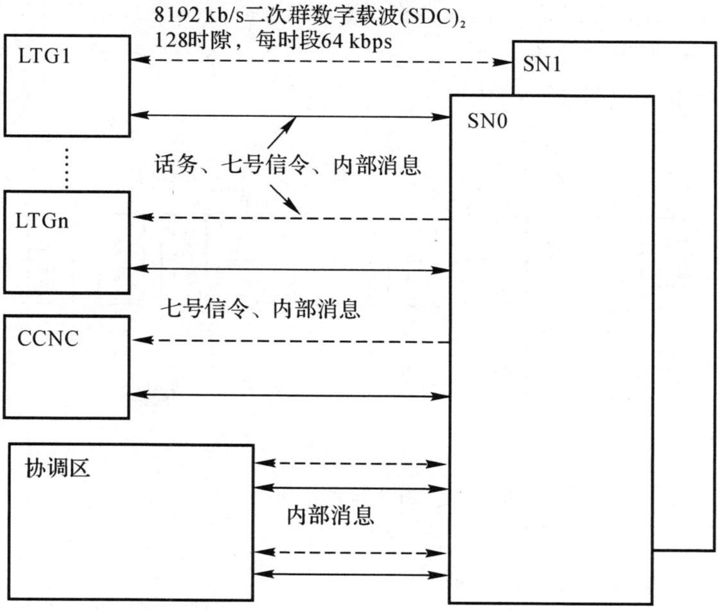

在 D900 系统中交换网络的位置

5.3.2　光纤通信技术:照亮明天

光纤通信,就是利用光纤来传输携带信息的光波,以达到通信的目的。

"无线的资源是有限的,有线的资源是无限的。"作为有线传输的代表,由于具有传输容量大、技术发展空间大等优势,光纤技术近年来得到长足发展,著名的信息三大定理的"光纤传输定理"说:光纤传输能力每 9 个月增加一倍。

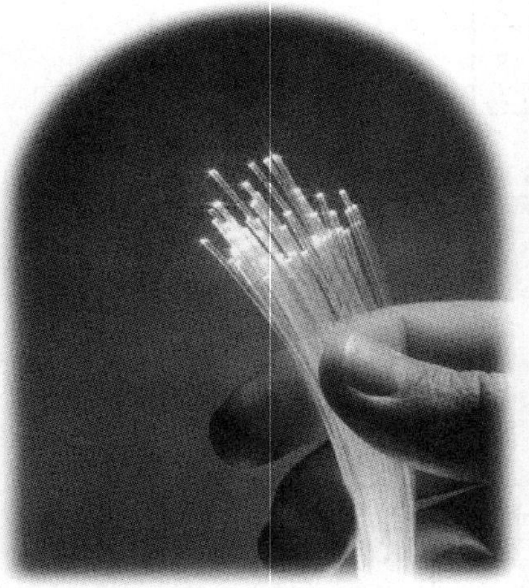

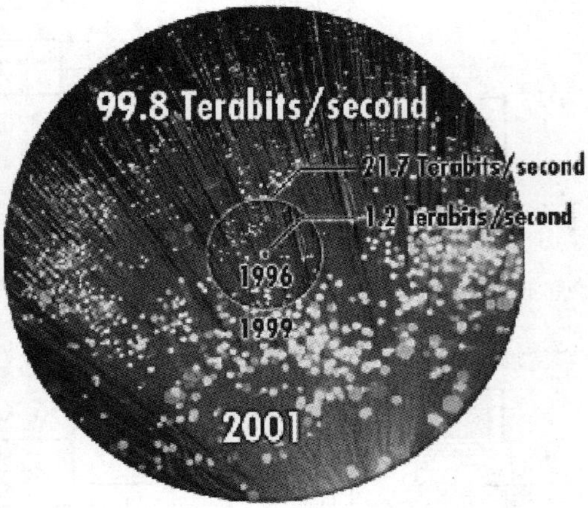

光纤

要使光波成为携带信息的载体，必须对之进行调制，在接收端再把信息从光波中检测出来。然而，由于受目前技术水平所限，对光波进行频率调制与相位调制等仍局限在实验室内，尚未达到实用化水平，因此目前大都采用强度调制与直接检波方式（IM－DD）。又因为目前的光源器件与光接收器件的非线性比较严重，所以对光器件的线性度要求比较低的数字光纤通信在光纤通信中占据主要位置。

实用光纤系统组成框图如下图所示。

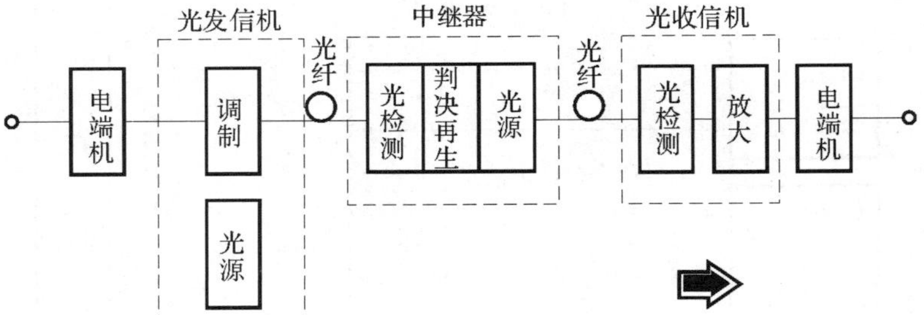

光纤系统的组成

光纤通信技术正朝着三个方向发展：

密集波分复用 DWDM：通过在一条光纤中传输更多种波长（颜色）的光线，达到一条光纤传输多路信号的目的。目前在一条光纤中能够传输 160 个波长的光线。

快速时分复用 TDM：通过快速的光开关速度，使一种波长传输更高数据速率。新的技术能够达到一种波长传输 40Gb/s 的速率。

超常距离传输 ULH：通过增强发送功率、减少光纤衰减、提高接收灵敏度等技术措施，使不经过中继传输更远距离。目前能够达到传输 6 000 km 无须中继。

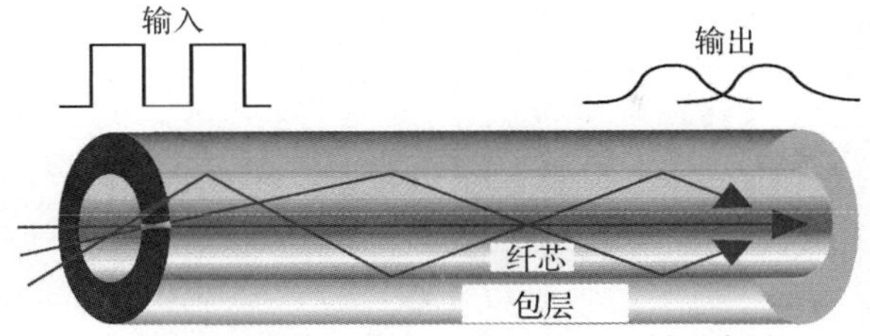

阶跃多模光纤Multimode Step-Index传输示意图

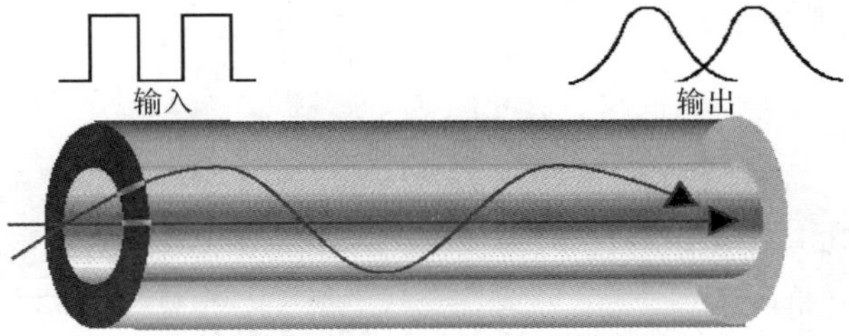

渐变多模光纤Multimode Graded-Index传输示意图

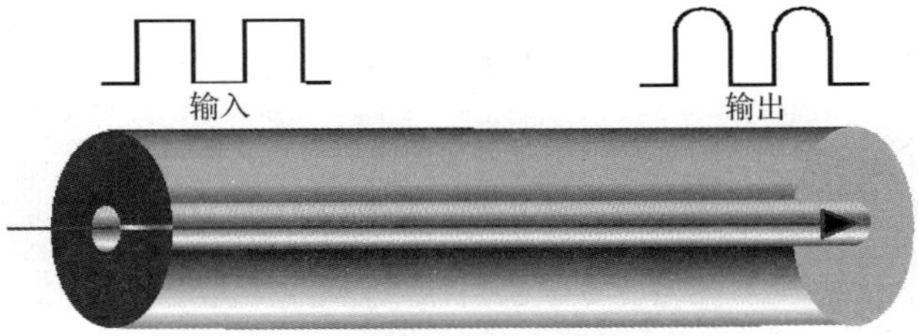

单模光纤Single Mode传输示意图

5.3.3 空间光通信技术

一种新型宽带接入技术——自由空间光通信系统,是光纤通信与无线通信结合的产物。FSO 不是用光纤作为传输媒介,而是在空气中用激光或光脉冲在太赫兹(THz)光谱范围内传送分组数据的通信系统。FSO 技术既能提供类似光纤传输的速率,又无须在频谱等稀有资源方面有很大初始投资。与光纤线路相比,FSO 系统不仅建设周期较短,成本也低很多。因此,在目前许多企业和机构都不具备光纤线路,但又需较高速率的情况下,FSO 不失为一种解决"最后一公里"瓶颈问题的有效途径。

优势:不占用无线频率资源、高带宽、低误码率、安装快速、使用方便、伸缩性好、安全性高。

光通信原理示意图

5.3.4 平流层通信

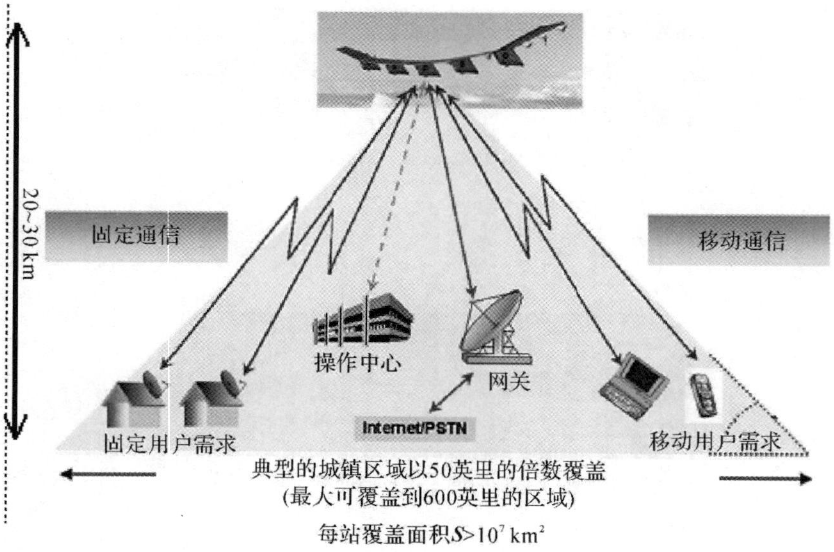

平流层通信

高空平台(HAPS)是WAR97作的决议，主要用于提供固定业务。HAPS也称平流层通信，是在平流层空间使用稳定的电信平台作为微波中继站与地面控制设备及多种无线用户构成的通信系统。

HAPS通常可选20～23 km的高度。使用频率：47.2～47.5 GHz(下行)/47.9～48.2 GHz(上行)、27.5～28.35 GHz (WRC2000增加划分)。

HAPS系统的优点：覆盖范围大、成本低、容量大、延迟小、建设快、灵活电波主要在自由空间传播。

目前存在的问题：能源电力问题、物理平台的稳定问题、Corona离子推进器的可靠性问题等。

5.3.5 卫星通信

卫星通信是利用人造地球卫星作为中继的微波通信，它与地面光纤通信相比，最大的优点是无须埋设光缆，可以直接跨过群山、海洋进行远距离通信。

最适合卫星通信的频率是1～10GHz频段，即微波频段。为了满足越来越多的需求，已开始研究应用新的频段，如12GHz，14GHz，20GHz及30GHz。三颗相距120°的卫星就能覆盖整个赤道圆周，故卫星通信易于实现越洋和洲际通信。

展望21世纪，卫星通信将获得重大发展，卫星通信将对我国的国民经济发展，对产业信息化产生巨大的促进作用。

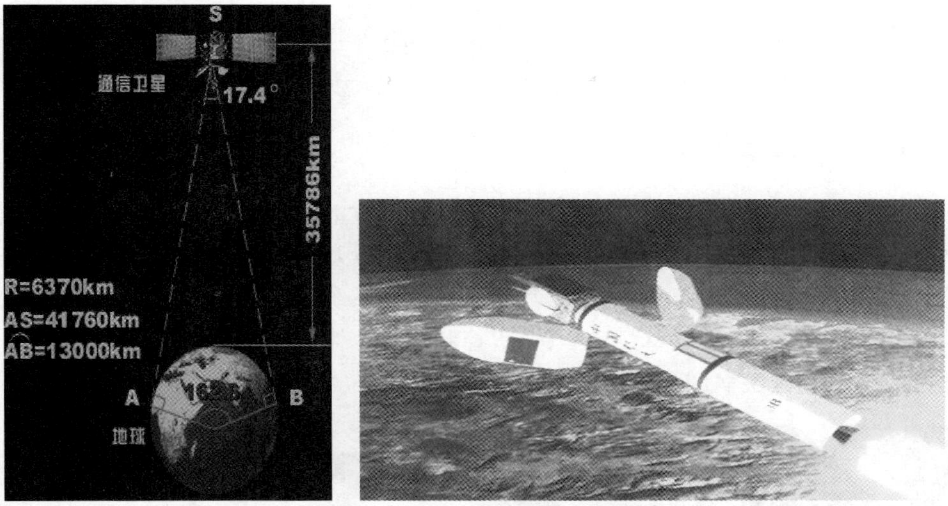

同步卫星与地球的关系图

5.3.6 移动通信技术

移动通信是在 20 世纪 80 年代开始发展起来的，现正在向以 CDMA 为基础、以宽带化通信为特征的第三代 3G 技术发展。

第二代移动通信系统是目前广泛使用的数字移动通信系统 GSM 及窄带 CDMA；第三代移动通信技术是指将无线通信与国际互联网等多媒体通信结合的新一代移动通信系统；第四代移动通信系统是多功能集成的宽带移动通信系统，是宽带接入 IP 系统，现正处在概念阶段。

为充分利用有限的无线频率资源，移动通信采用蜂窝技术以提高频率复用程度。

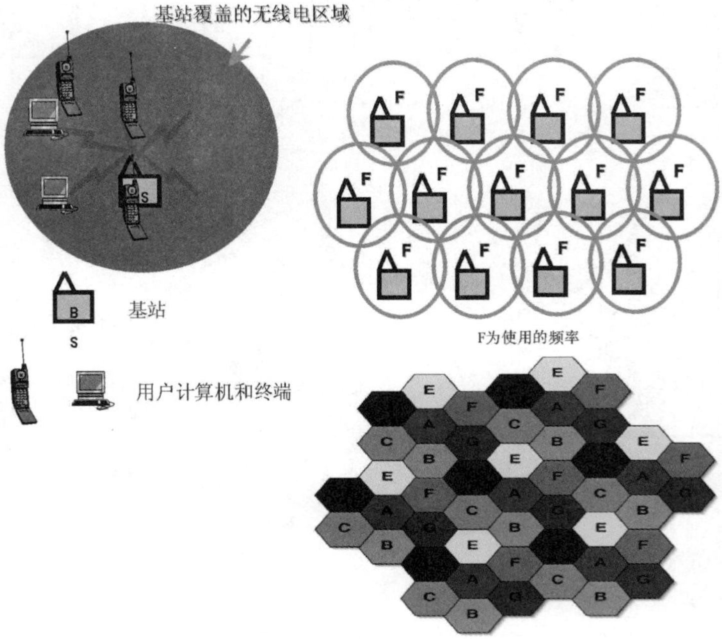

蜂窝系统

5.4 生物医学工程

5.4.1 生物医学工程

生物医学工程学是综合数学、物理、化学以及工程学(电子、计算机、机械、通信、光学、材料等)中的理论、方法和技术,研究生物学、医学、行为科学以及人类健康的边缘、交叉性学科。该学科的目标是进行从分子、细胞、组织、器官到整个人体系统多层次上的基础研究,形成和完善新的知识体系;致力于生物学、材料科学、过程控制、组织/器官移植、仪器科学和信息学中相关的创新性研究,服务于疾病的预防、诊断、治疗、康复,提高人类健康水平。

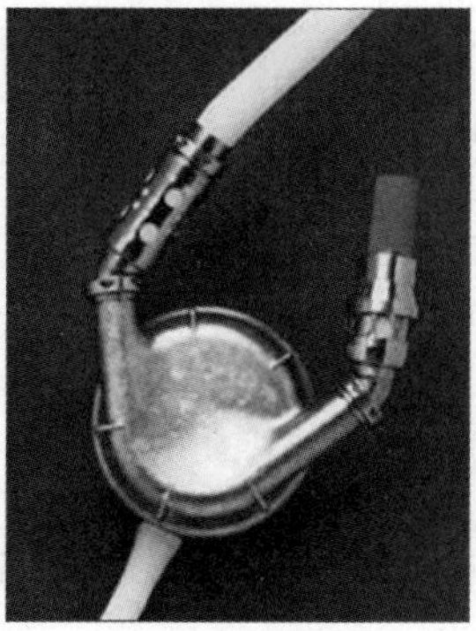

人工心脏

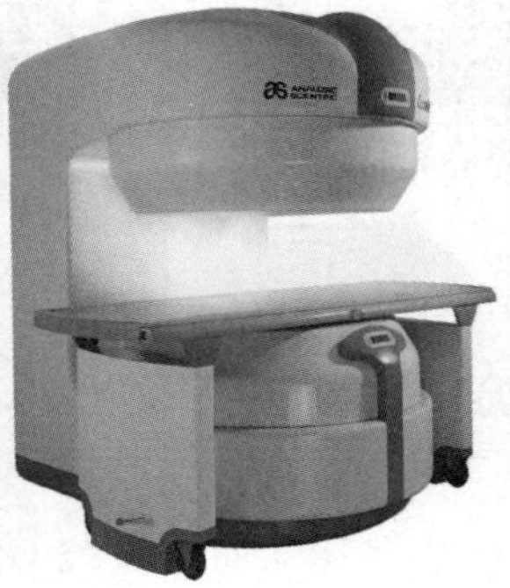

国产核磁共振设备

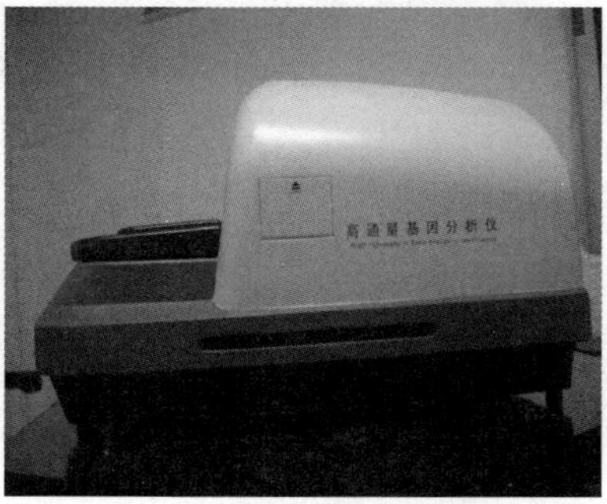

西安工业大学研发的高通量基因分析仪

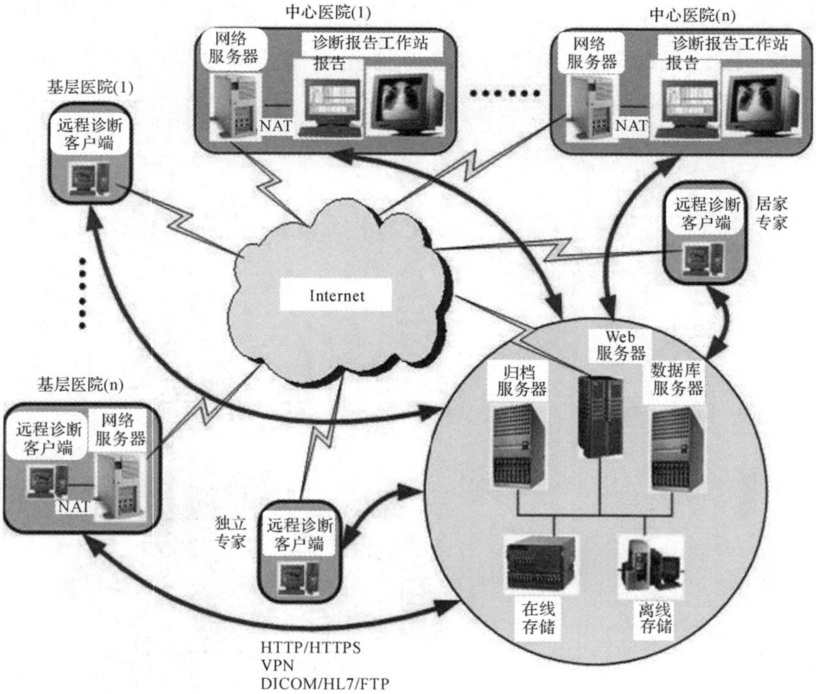

Internet 远程医疗系统

5.4.2 生物化学

生物化学是研究生命物质的化学组成结构及生命过程中各种化学变化的生物学分支学科，是研究生命科学的基础。

生物化学分析是用生物化学的原理和方法对生命大分子结构、功能、性质进行研究方法的总称。生物化学分析主要研究方法有以下几种：①蛋白质分离技术(凝胶过滤分离蛋白质)；②单克隆抗体技术；③电泳技术；④免役荧光法；⑤转基因技术；⑥GC－MS(气相质谱-质谱联用技术)。这些方法可以用于分析检测未知物的化学成分，来鉴定被测物及其纯度。

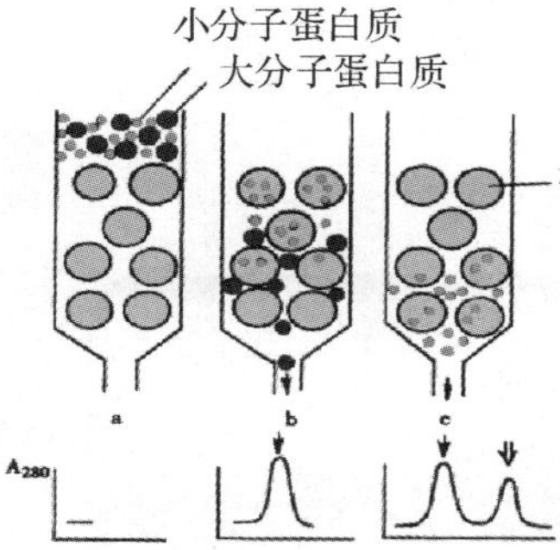

凝胶过滤分离蛋白质

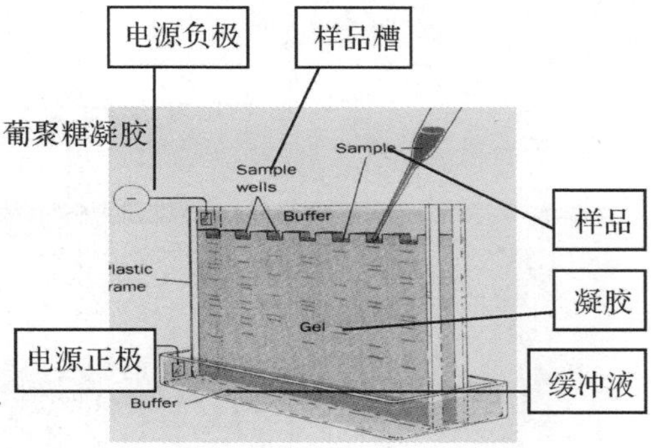

凝胶电泳图

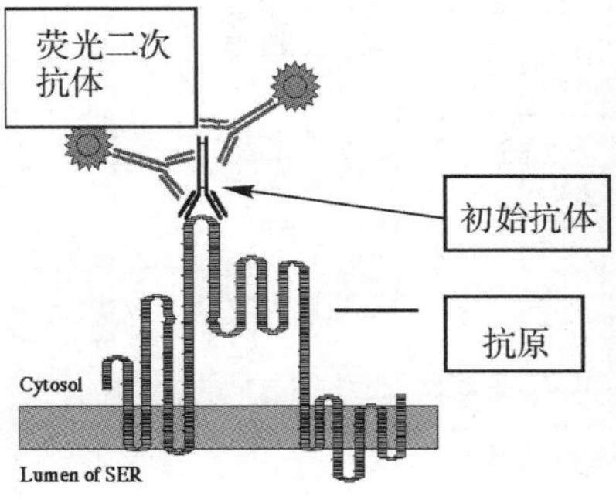

免疫荧光法原理

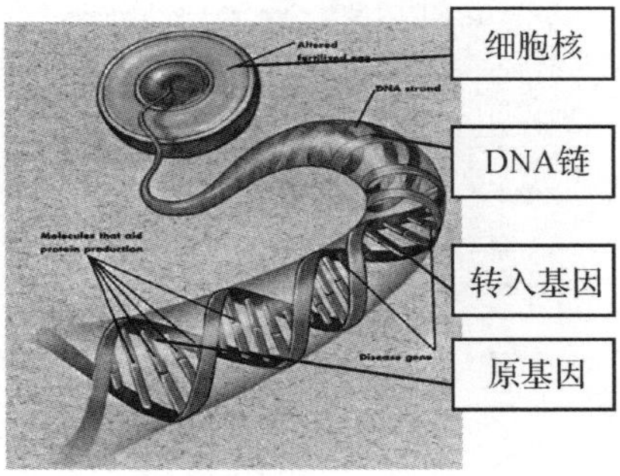

转基因技术模式图

5.4.3 生物医学信号处理

生物医学信号处理是近年来国内外迅速发展的新的领域。在生物医学研究中，有各种各样待提取和处理的信号。有由生理过程自发产生的主动信号，诸如心电(ECG)、脑电(EEG)、肌电(EMG)、眼电(EOG)、胃电(EGG)等电生理信号和体温、血压、脉搏、呼吸等非电生理信号，它们是对人体进行诊断、监护和医疗的重要依据；还有由外界施加于人体，用以进行探测的被动信号，如超声波、同位素、X 射线等。生理状态信息是通过被动信号某些参数携带，如用超声波对人体进行探查时(回声法或多普勒法)，待测信息将通过回波信号的幅度、频率或相位来表现。生命机理的复杂性，使生物系统变得复杂。因此，如何从这些信号中提取所需信息既是困难而且重要的课题，又是研究生命科学的有力工具。

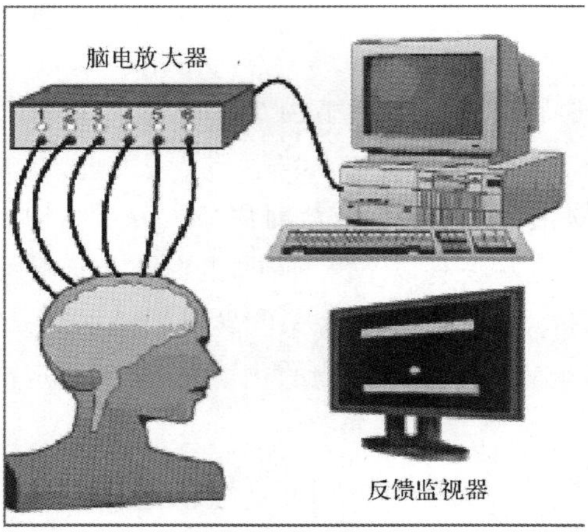

脑电信号测试

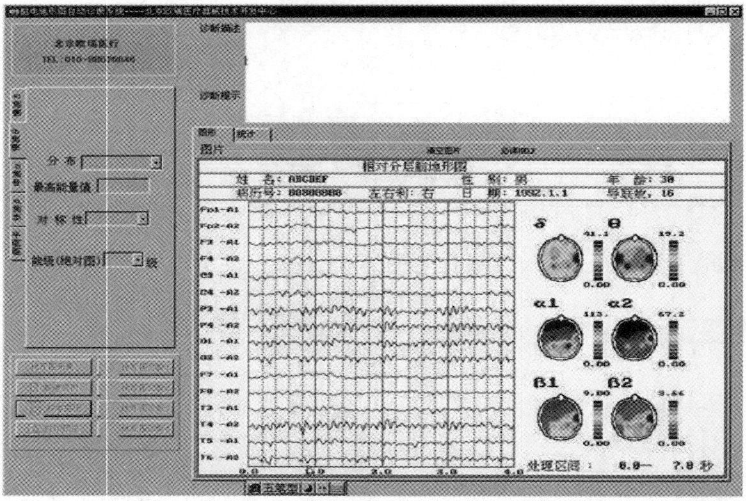

脑电图计算机处理系统界面

5.4.4 生物医学传感器与检测技术

生物医学传感器技术是一门多学科交叉的应用技术，是获取人体生理、病理信息的关键技术，包括光电式传感器、光纤传感器、压电传感器、图像传感器、电化学和生物传感器等。

生物传感器是生物活性材料(酶、蛋白质、DNA、抗体、抗原、生物膜等)与物理化学换能器有机结合的一门交叉学科。生物传感器可以依照其感受器中所采用的生命物质而称为组织传感器、细胞传感器、酶传感器等，也可根据所监测的物理量、化学量或生物量而命名为热传感器、光传感器、胰岛素传感器等，还可根据其用途统称为免疫传感器、药物传感器等。

生物传感器中的信号转换器与传统的转换器并没有本质的区别。例如，可以利用电化学电极、场效应管、压电器件、光电器件等器件作为生物传感器中的信号转换器。依照信号转换器的不同，也可将生物传感器进行分类，如压电晶体生物传感器、场效应管生物传感器等。

目前，生物传感器应用较多的领域是在医疗、医药、生物工程、环境保护、食品、农业、畜牧等与生命科学关系密切的一些领域。

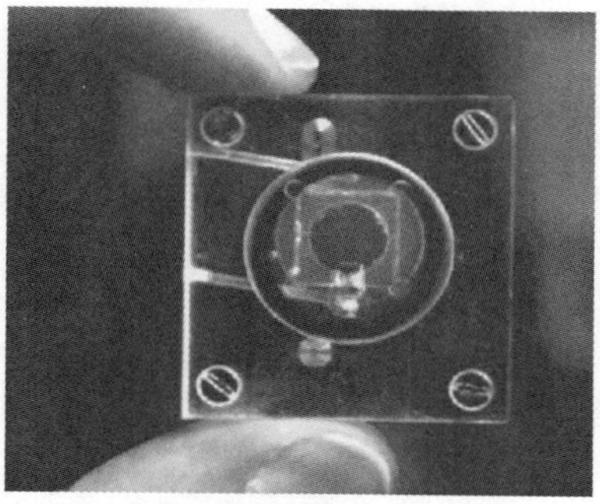

检测大肠杆菌的生物传感器

128×128 个生物传感器
集成为一个仅有 $1cm^2$ 的阵列

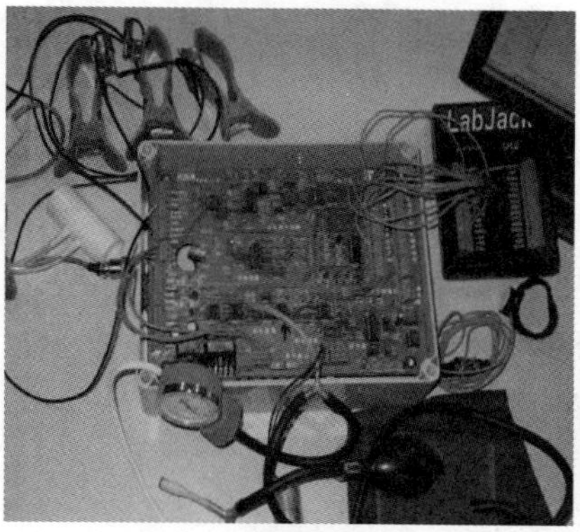

生物医学传感器系统实验仪

可快速精确测定葡萄糖的生物传感分析仪

5.4.5　医学成像技术

生物医学成像技术主要包括 X 射线成像、X 射线计算机断层扫描成像(X－CT)、超声成像和核磁共振成像等。

1. X 射线成像

以人体不同器官和组织对 X 射线的不同吸收特性为基础发展起来的 X 射线透视和 X 射线照相术,为人体骨骼和内脏器官疾病或损伤进行诊断、定位提供了强有力的手段,同时也把胶片带进了医学成像的领域,使之成为 110 多年来图像显示的主要工具。

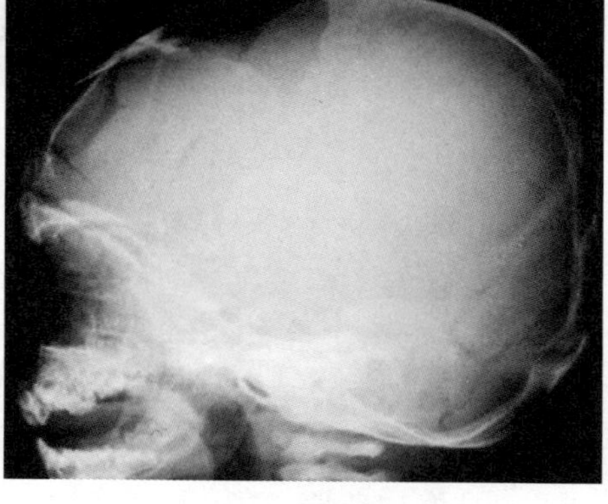

X 射线成像图片

2. X 射线断层成像(X－CT)

X－CT 解决了 X 射线照相的前后物体图像重叠问题,大大提高了医学诊断的可靠性和准确性,使医学成像技术向前跨了一大步。这是平面 X 射线成像得到充分发展之后进一步发展的必然结果 。

X-CT 已经从 20 世纪 70 年代初简单的成像装备发展为今天以多层螺旋 CT 为主的技术。

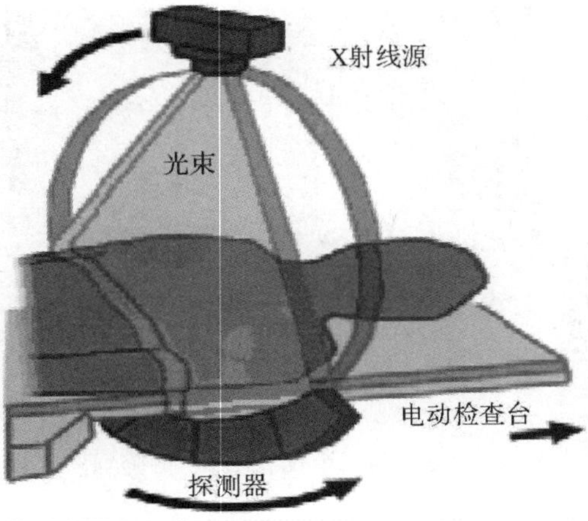

X 射线断层成像原理图

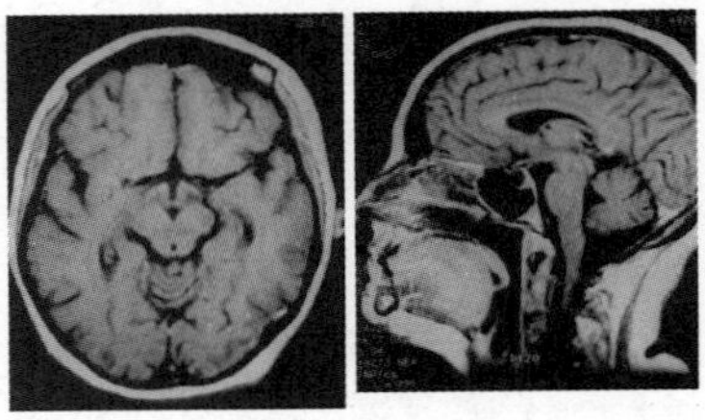

X 射线断层成像图片

3. 超声成像

20 世纪 60 年代将超声波技术应用于临床，先后研制了 A 型、B 型、C 型和 M 型超声诊断仪，主要用于观察人体内部结构、肿瘤、囊肿诊断以及检查脏器、胎儿等正常与否。经过长期使用及观察分析，超声成像设备产生的信号对人体安全，基本无害。

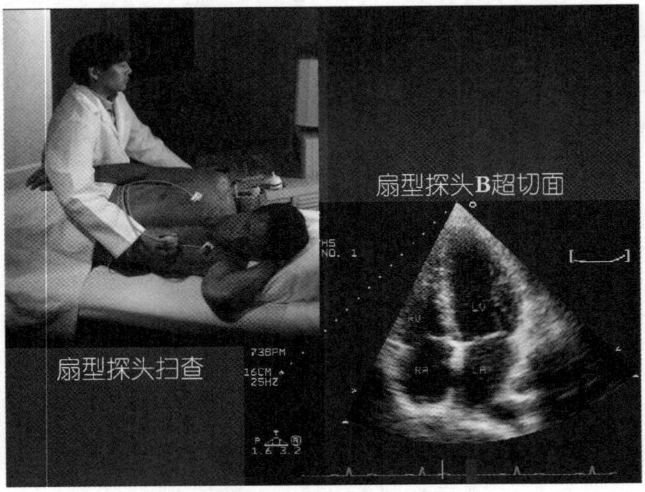

超声成像

4. 核磁共振成像(NMRI)

由强磁场与人体被成像部位机体组织的原子核相互作用，机体组织的原子核及其所处的生理条件，在磁场作用下产生共振，改变所在位置的磁场强度而生成图像，既解决了 CT 机对人体组织细胞的一定损害性，又解决了可测出机体病变前的微小生理变化。

核磁共振成像也是所有成像模式中技术最为复杂的一种成像方法，研制和开发这样的装备涉及磁共振物理学、磁学、电子工程、计算机软件工程、信号处理等许多科学技术领域。

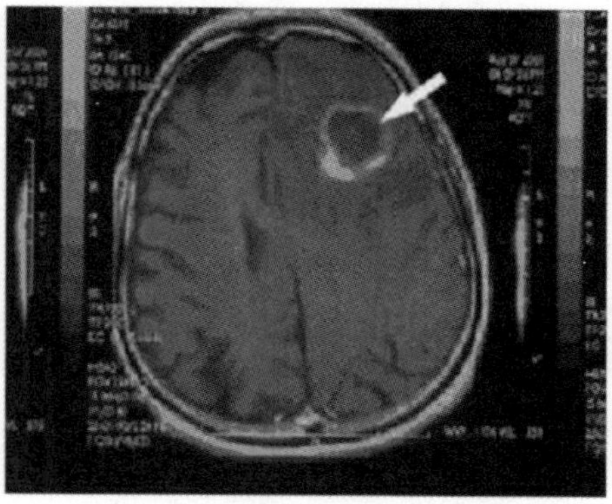

核磁共振成像图片

5.4.6　医学图像处理

计算机图像处理技术在医学领域发挥越来越重要的作用，计算机图像处理有线性增强、自动增强、直方图均化、图像平滑、图像锐化等多种方法。

计算机图像处理技术与影像技术相结合，从根本上改变了医务人员进行诊断的方式。实践证明，充分利用医学图像处理技术可以大大提高医疗诊断工作的正确性和准确性，提高诊断效率，降低医疗成本。随着数字化、智能化技术的不断发展，在医疗卫生领域，图像处理技术将具有更加广阔的应用前景。

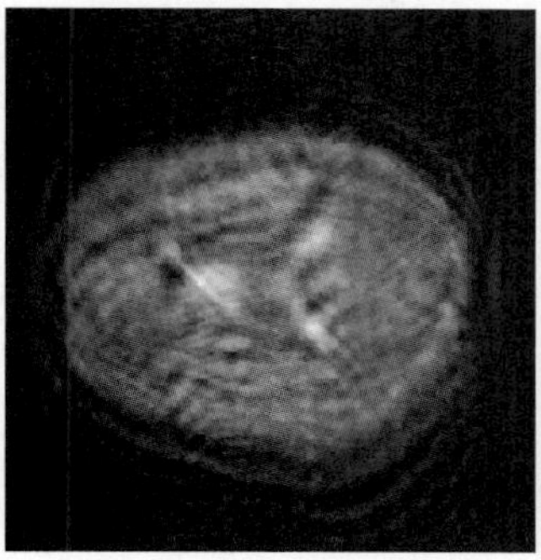

未经过图像处理的图片

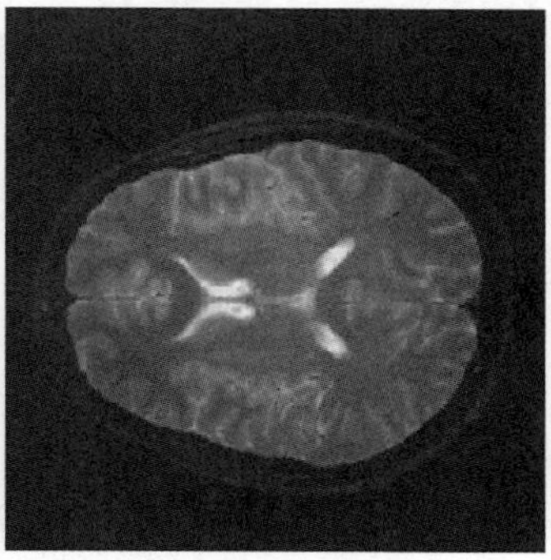

经过图像处理的图片

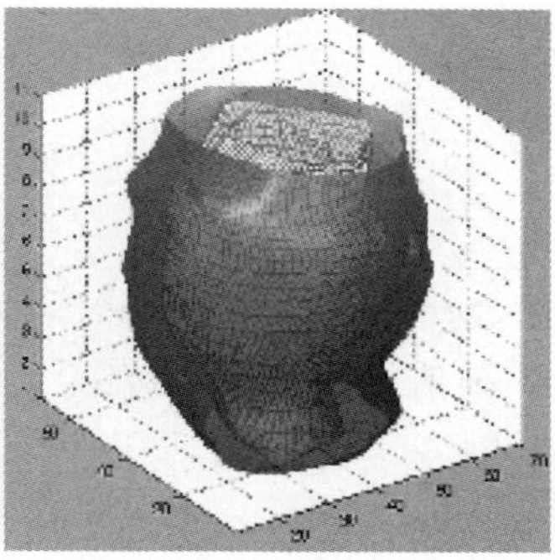

心脏的数字化三维图形

5.4.7　生物信息学

生物信息学(Bioinformatics)是一门数学、统计、计算机与生物医学交叉结合的新兴学科，随着人类基因组计划的快速发展，生物信息学技术在人类疾病与功能基因的发现与识别、基因与蛋白质的表达与功能研究方面都发挥着关键的作用。生物信息学技术在基于基因与蛋白质功能缺陷的合理化药物设计方面也有着巨大的潜力。同时，生物信息学技术在亲子鉴定、罪犯识别等各方面都有重要的应用。

1. 表达谱分析，基因芯片

基因芯片是基因表达谱数据的重要来源。高通量并行的检测技术，是揭示基因同一条件下表达行为的有力手段。

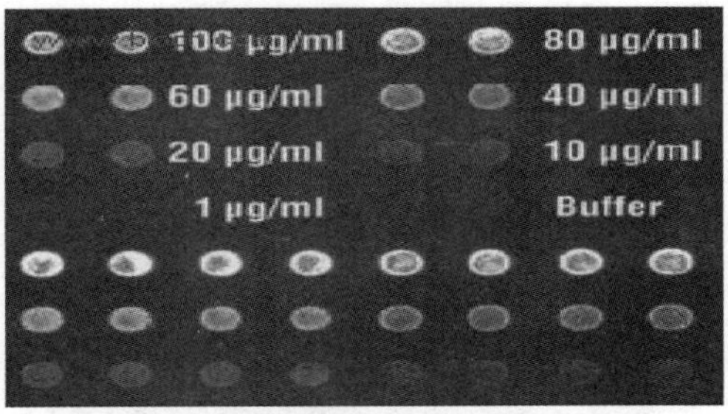

多力生物芯片平台系统

此图是中国研制出的世界上第一个 1 cm^2 大小的多力生物芯片平台系统，利用它可以在指甲大小的芯片上建立缩微实验室，用于医学基础研究、疾病诊断、司法鉴定、食品卫生监督、航天、环保等领域的分析检测。

2. 蛋白质结构，分子设计

功能基因组时代，从分子水平的角度解释基因功能，揭示生物学过程的本质，是人们孜孜以求的目标。分子模拟技术与高性能计算机为这一目标的实现带来曙光。

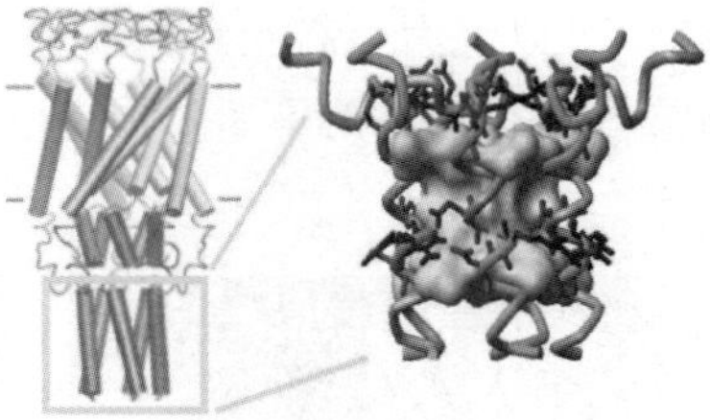

蛋白质结构图

3. 功能基因组学

序列信息的储存，序列的比较、识别及相关研究。

4. 功能蛋白组学

蛋白同源性分析、功能类比、分类；蛋白组表达谱及分析；蛋白间相互作用；蛋白质功能；蛋白组平台的药物筛选及相关研究。

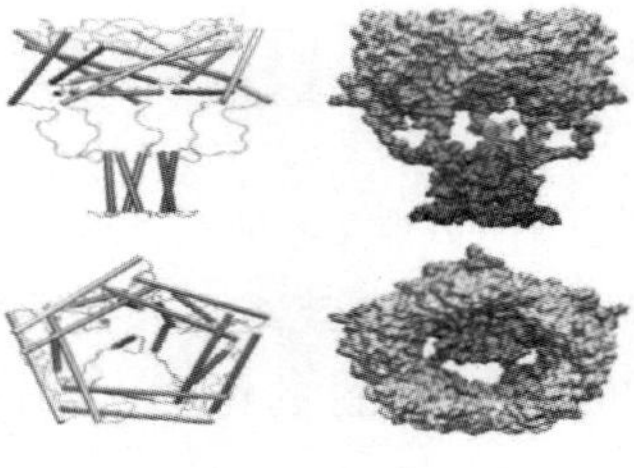

蛋白质相互作用

5.4.8 生物纳米技术

生物纳米技术提供了一种新颖、神奇、有效的发现和创造的尺度，是很多生物反应和功能执行的量级，要系统化地对生物过程进行全面的研究和开发，必须在纳米尺度空间内实现。

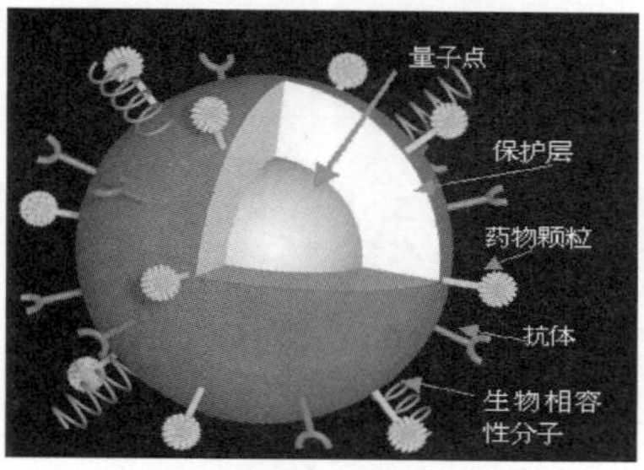

纳米颗粒“靶向性”药物

5.4.9　生物系统建模与仿真

生物系统建模是指应用现代物理学、数学的原理对生物的细胞、器官和整体各层次的行为、参数及其关系建立数学模型的工作。生物系统建模与仿真可用于鉴别人体参数的异常，进行疾病诊断，糖尿病等疾病的预报，血压等参数的自适应控制。此外，在医疗仪器的研制和生物学、生理学、仿生学等学科的发展中，生物系统建模与仿真也具有很大价值。

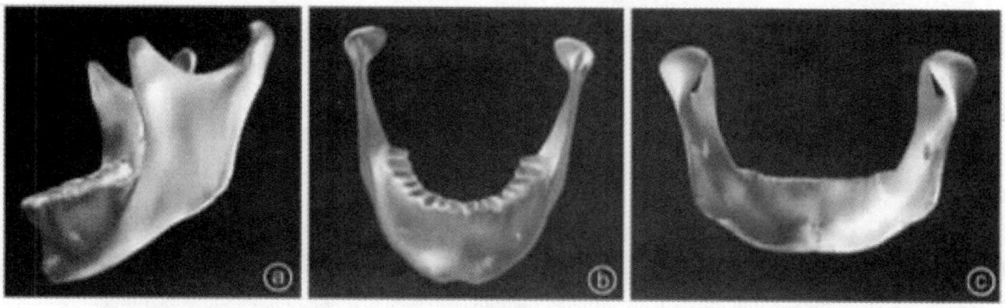

利用虚拟人数据资料，借助医学三维重建软件，快速重建人体下颌骨三维模型

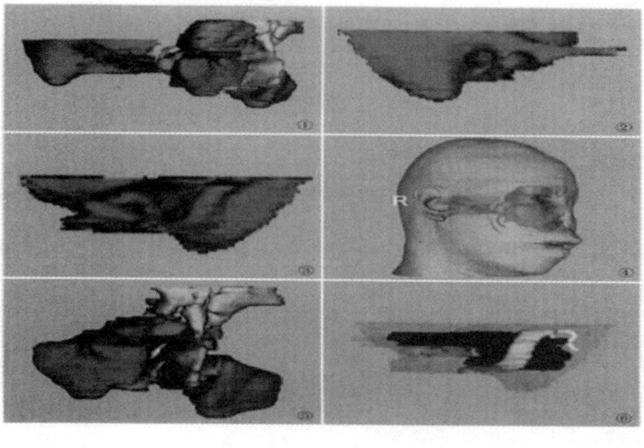

利用 3D-Slicer 软件进行鼻部及颞骨部分解剖结构的三维重建模型

第 6 章

计算机科学与技术

6.1 计算机发展史

6.1.1 传统计算工具

远古时代的计算工具:石头、手指、结绳。

早期的计算工具:算筹、算盘、计算尺。

中国商周时代问世的算筹,实际上是一种竹制、木制或骨制的小棍。中国古代科学家祖冲之最先算出了圆周率小数点后的第 6 位,使用的工具正是算筹。

中国古代在计算工具领域的另一项发明是珠算盘。珠算盘最早记录于汉朝人徐岳撰写的《数术记遗》一书里,大约在宋元时期开始流行,而算盘最终彻底淘汰了算筹是在明代。

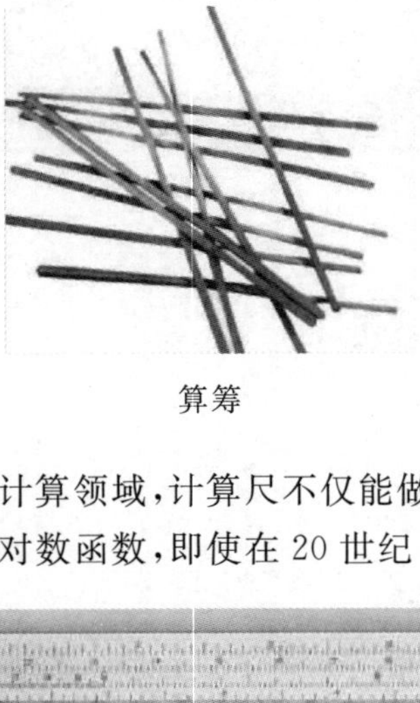

算筹

算盘

在工程计算领域,计算尺不仅能做加、减、乘、除、乘方、开方运算,甚至可以计算三角函数、指数函数和对数函数,即使在 20 世纪 60 年代,对数计算尺仍是工程师身份的一种象征。

滑尺型计算尺

6.1.2　机械计算机

机械加法机：1642 年，法国数学家和物理学家帕斯卡（B. Pascal）发明了第一台机械式加法机。帕斯卡的加法机向人们提示，用一种纯粹机械的装置去代替人们的思考和记忆，是完全可以做到的。

四则演算机：1674 年，德国数学家和哲学家莱布尼兹（G. M. Leibniz）设计完成了四则运算计算机。此外，莱布尼兹为计算机提出了"二进制"数的设计思路，率先系统地提出了二进制数的运算法则。

帕斯卡机械加法机

莱布尼兹的四则演算机

差分机、分析机：1822 年，英国数学家查尔斯·巴贝奇（C. Babbage）设计了一台差分机。1834 年，巴贝奇又完成了分析机的设计方案，是在差分机的基础上做了较大的改进，可以进行数字运算和逻辑运算。分析机的设计思想已具有现代计算机的概念，但因当时的技术水平以致无法制造完成。

巴贝奇

差分机

分析机

6.1.3　电子计算机的诞生

1946 年 2 月，美国宾夕法尼亚大学物理学家莫克利（J. Mauchly）和工程师埃克特（J. P. Eckert）等人共同研制成功了世界上第一台数字式电子通用计算机——ENIAC 电子数值积分计算机。

电子管：18800只

电　阻：70000个

电　容：10000只

继电器：1500个

耗　电：140kW/h

占　地：$170m^2$

质　量：3t

速　度：5000次/s

世界上第一台数字式电子通用计算机

现代计算机发展史上的杰出人物：

图灵

英国科学家图灵(Alan Turing)：1936 年，英国人图灵发表了著名的学术论文《论应用于决定问题的可计算数字》，提出了现代计算机的计算模型，是学术界公认的现代电子计算机理论和模型基础。此外，图灵发展了可计算理论，并提出了定义机器智能的图灵测试。为了纪念图灵在计算机领域奠基性的贡献，美国计算机学会决定设立“图灵奖”——计算机界的诺贝尔奖。

美籍匈牙利科学家冯·诺依曼(J. Von Neumann)：1945 年，发表报告《电子计算机逻辑结构初探》——奠定了存储程序式计算机的理论基础，从而确立了现代计算机的基本结构，即冯·诺依曼结构。冯·诺依曼被誉为“电子计算机之父”、“现代计算机鼻祖”。

冯·诺依曼

6.1.4　电子计算机

1. 第一代电子计算机(1946—1958 年)

第一代电子计算机即以电子管为逻辑开关元件特征的计算机。这一代计算机主要用于军事目的和科学研究，具有代表性的计算机有电子数值积分计算机 ENIAC、电子离散变量计算机 EDVAC、延迟存储电子自动计算器 EDSAC、通用自动计算机 UNIVAC－I 型以及 IBM 700 系列计算机等。

电子管

1949 年研制的 EDSAC

2. 第二代电子计算机(1959—1964 年)

第二代电子计算机即以晶体管为逻辑元件特征的计算机。这一代计算机主要用于科学计算、数据处理、过程控制等,具有代表性的计算机有 1955 年问世的世界上第一台全晶体管 UNIVAC-Ⅱ,IBM 7000 系列计算机等。

晶体管

1959 年研制的 IBM8090

3. 第三代电子计算机(1965—1970 年)

第三代电子计算机即以集成电路为器件特征的计算机。这一代计算机主要用于科学计算、系统设计等工程领域。第三代计算机的标志性产品:IBM360 系列计算机。

集成电路

IBM360 系列计算机

4. 第四代电子计算机(1971年至今)

第四代电子计算机即以超大规模集成电路为器件特征的计算机。这一代计算机的应用领域已经渗透到社会的各行各业。第四代计算机的标志性产品:美国ILLIAC-IV计算机、克雷公司的Cray系列巨型机、IBM PC机等。

超大规模集成电路

Cray-2巨型机

6.2 计算机硬件技术

6.2.1 微型计算机硬件组成

微型计算机的硬件由中央处理器、存储器、输入输出接口和总线等部分组成。

(1)中央处理器(CPU):包括算术/逻辑单元和控制单元,在控制单元的作用下与内存交换数据,并对数据进行加工处理。

(2)存储器(MEMORY):主要负责对数据和控制信息的存储,是计算机的记忆单元,分为主存储器(也称内存)和辅助存储器(也称外存)。

(3)输入/输出(I/O)接口:连接主机与输入设备或输出设备的桥梁,并提供数据缓冲、数据转换的功能。

(4)总线(BUS):主板上传输信息的公共通道,即连接各部分的公共信号线,分为地址总线(Address Bus)、数据总线(Data Bus)、控制总线(Control Bus)。

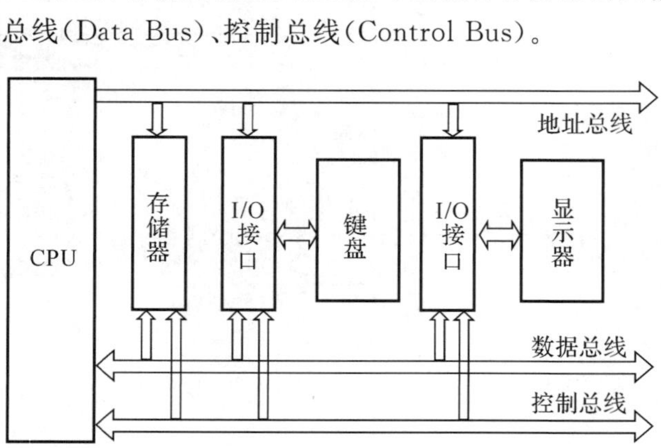

微型计算机的基本结构图

6.2.2 计算机系统结构

计算机系统结构研究的是软硬件的功能分配。要开发设计一种新的计算机，首先必须确定一种新的计算机体系结构，这是计算机总设计师的全部工作。比如，指令的流水执行是硬件完成的功能，将指令的执行细分为取指、译码、取数、执行、存结果，同时将执行部件也分成相应的独立的子部件，然后指令的执行就像工厂里的流水线一样流水执行。一条流水线叫标量流水处理机。两条以上的流水线，就叫超标量流水处理机。

目前，微机处理器已经发展到双核、四核 CPU，但每颗内核中都有超标量流水线。如图所示为双流水线的超标量处理机执行部件示意图和 Intel 酷睿架构 CPU 的执行部件图。

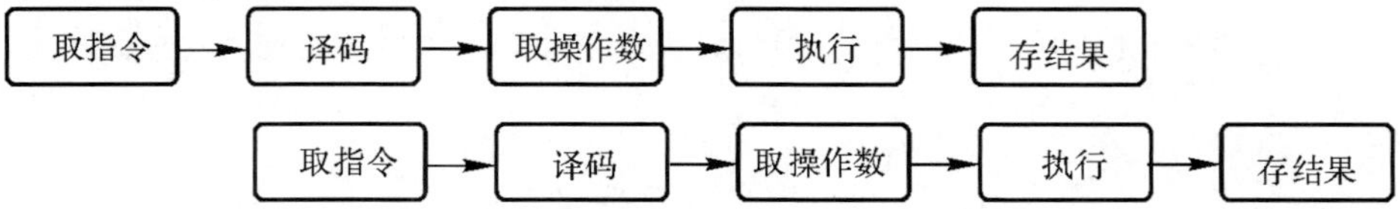

双流水线的超标量处理机执行部件示意图

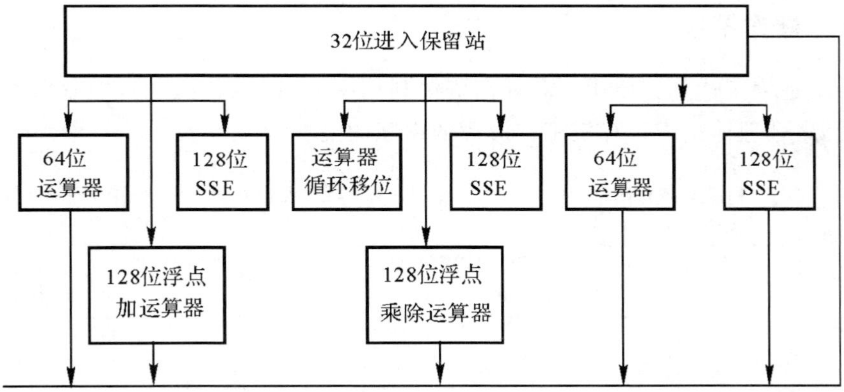

Intel 酷睿 CPU 执行部件结构图

6.2.3 ARM 处理器

ARM(Advanced RISC Machines)是英国先进机器公司的简称。ARM 处理器是 ARM 公司的产品，它通过 IP(Intelligence Property)授权的方式允许半导体厂商生产基于 ARM 的处理器产品。半导体生产商从 ARM 公司购买其设计的 ARM 处理器核，根据各自不同的应用领域，加入适当的外围电路，从而形成 ARM 处理器芯片进入市场。

ARM 处理器核基于 RISC(Reduced Instruction Set Computer)体系结构，结合当前流行的 SoC(System on Chip)设计风格，可以定制出高性能、低功耗、低成本嵌入式处理器。目前，非常流行的 ARM 芯核有 ARM7TDMI，StrongARM，ARM720T，ARM9TDMI，ARM920T，ARM940T，ARM946T，ARM966T，ARM10T 等。

基于 ARM 核嵌入式处理器的典型应用为汽车产品、消费娱乐产品、数字影像产品、工业控制产品、网络产品、安全产品、存储产品、无线产品、军事国防、航空航天等。

ARM 处理器——消费电子应用

ARM 处理器——军事应用

6.3 计算机软件技术

6.3.1 操作系统

操作系统是为了达到方便用户和提高资源利用率的目的而设计的，控制和管理计算机硬件和软件资源，合理地组织计算机工作流程的程序的集合。

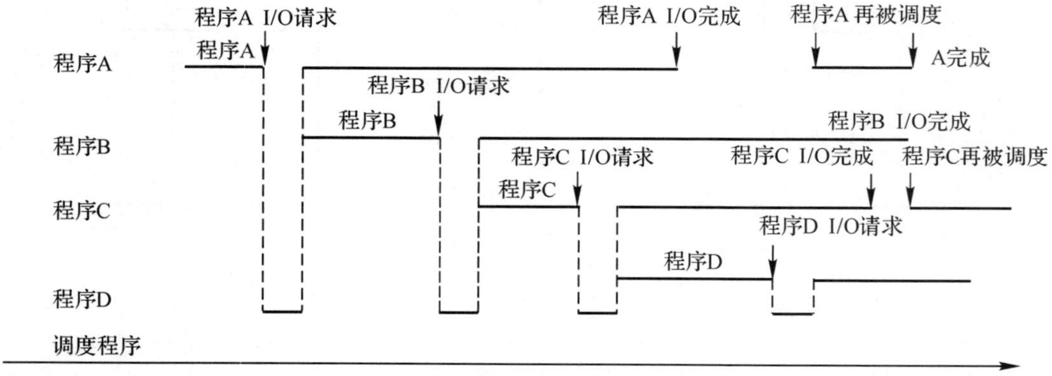

四道程序运行情况图

操作系统是系统应用程序，是用户程序与物理计算机之间的接口。所有系统应用程序及更上层的用户程序都在操作系统虚拟机上运行，它们受操作系统的统一管理和控制，通过操作系统使用各种系统资源来完成特定的任务。

操作系统具有处理机管理、存储器管理、设备管理和文件管理的功能，方便的用户接口，面向网络的功能和服务。

流行的操作系统有 DOS/Windows，UNIX/Linux，OS/2，MAC 等不同版本系统，还有在军事等特定领域使用的专门操作系统。它们逐步发展为多线程、多任务为主，具有网络功能的操作系统。

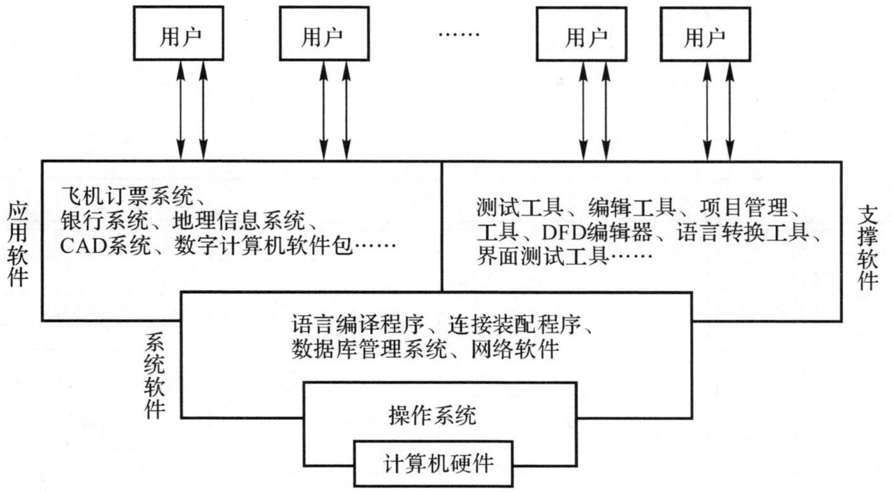

OS 作为接口的示意图

6.3.2 数据库技术

数据库(Database,DB)技术是计算机科学和技术的一个重要分支,是构成信息系统的重要基础。

数据库技术研究如何对数据组织、分类、存储、检索和维护。一个完整的数据库系统是由计算机软硬件系统、数据库、数据库管理系统(Database Management System,DBMS)、应用程序和数据库管理员五个方面组成的,其核心是数据库管理系统,目前流行的数据库管理系统有Oracle,MS SQL Server,DB2 等。

随着数据库技术、网络、人工智能、多媒体技术等的发展和结合,数据库技术呈现出分布式数据库、面向对象数据库、多媒体数据库、数据库中的知识发现等新的领域。计算机应用的迅速发展,使得数据库应用渗透到工农业、商业、行政管理、科学研究、国防、工程等各个领域。

数据库系统层次图

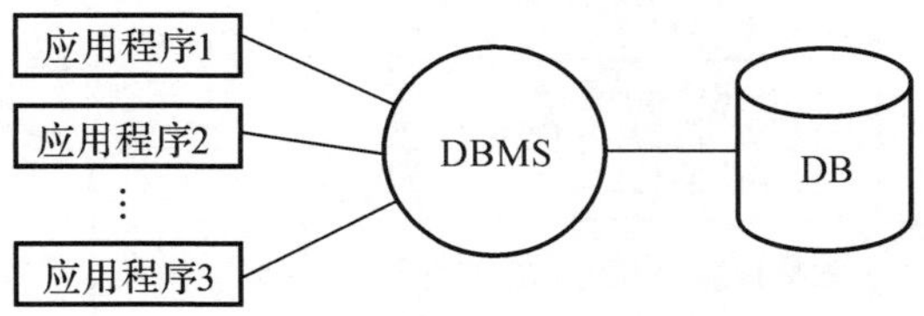

数据库应用系统结构

6.3.3 数据挖掘

数据挖掘(Data Mining,DM)是指从存放在数据库、数据仓库或其他信息库中的大量数据中抽取出潜在的、有价值的知识(模型或规则)的过程,又称为数据库知识发现(Knowledge-Discovery in Databases,KDD)。它是一门涉及面很广的交叉学科,包括机器学习、数理统计、神经网络、数据库、模式识别、粗糙集、模糊数学等相关技术。

数据挖掘的目的在于使用所发现的模式帮助解释当前的行为或预测未来的结果。数据挖掘过程涉及下列几个研究方向：

- 数据收集与存储
- 数据选取与准备
- 模型建立与检验
- 解释与验证结果
- 模型应用

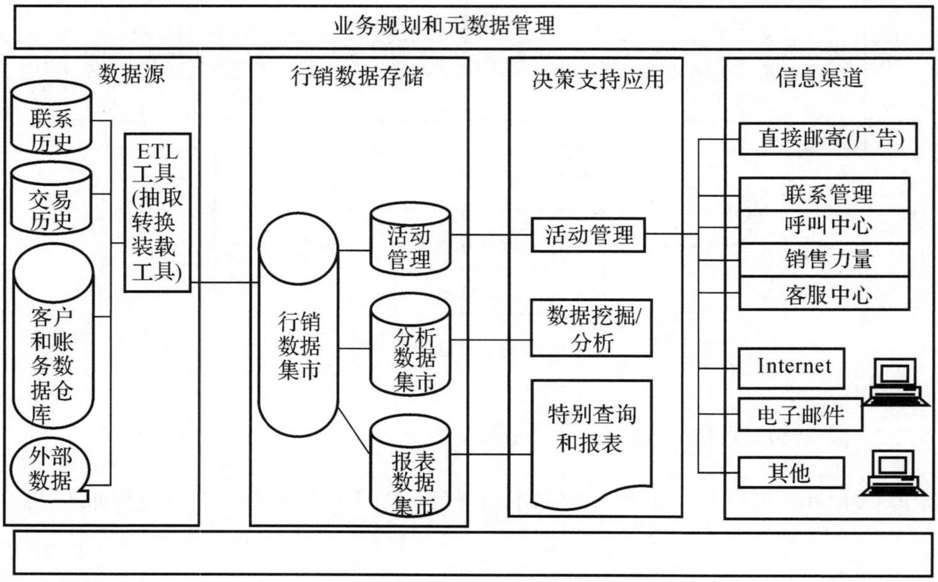

数据挖掘在 CRM 中的应用

6.3.4 多媒体技术

多媒体技术是 20 世纪 80 年代发展起来的计算机新技术。它利用计算机技术把文本、图像、图形、音频、视频等多种媒体信息综合一体化，使之建立逻辑连接，集成为一个具有交互性的系统，并能对多种媒体信息进行获取、压缩编码、编辑、加工处理、存储和展示。

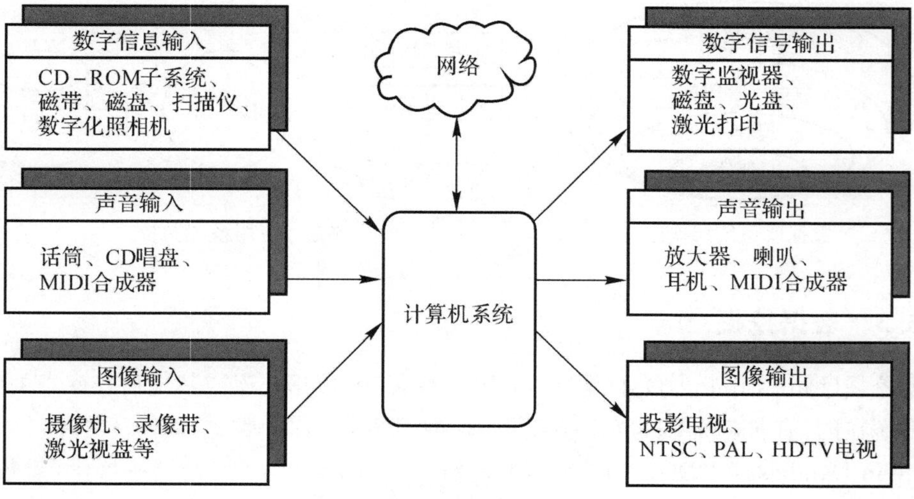

多媒体计算机系统的组成框图

多媒体技术的应用领域非常广泛，几乎遍布各行各业以及人们生活的各个角落。由于多媒体技术具有直观、信息量大、易于接受和传播迅速等显著的特点，因此多媒体应用领域的拓展十分迅速。近年来，随着国际互联网的兴起，多媒体技术也渗透到国际互联网上，并随着网络的发展和延伸，不断地成熟和进步。

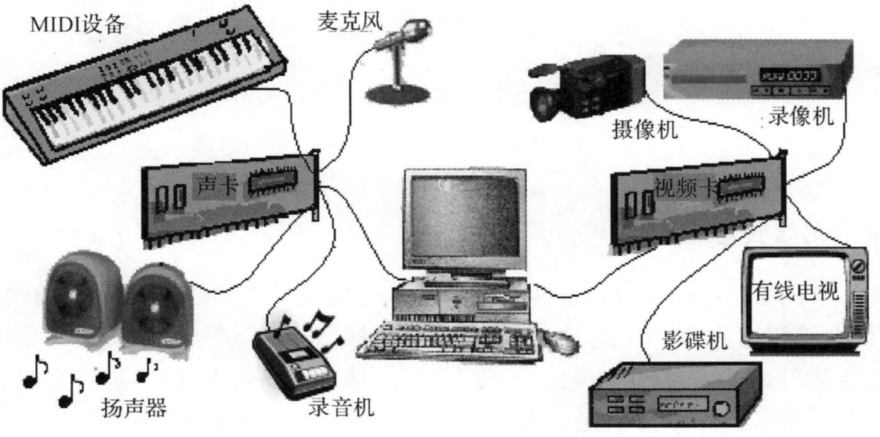

多媒体计算机系统组成

6.4 计算机网络

6.4.1 计算机网络

计算机网络(Computer Network)是指将在不同地理位置上分散的具有独立处理能力的多台计算机经过传输媒介和通信设备相互连接起来，在网络操作系统和网络通信软件的控制下，按照统一的规则进行协同工作，达到信息传递和资源共享目的的计算机系统。

计算机之间的信息传递和共享

网络协议(Network Protocols)是网络上计算机之间进行通信的一种语言和规范准则，它定义了计算机进行信息交换所必须遵循的规则，所有接收和发送的信息均以这种规则加以解释。

不同的计算机之间必须使用相同的网络协议才能进行通信。

网络协议有很多种，Internet 上的典型网络协议是 TCP/IP 协议。

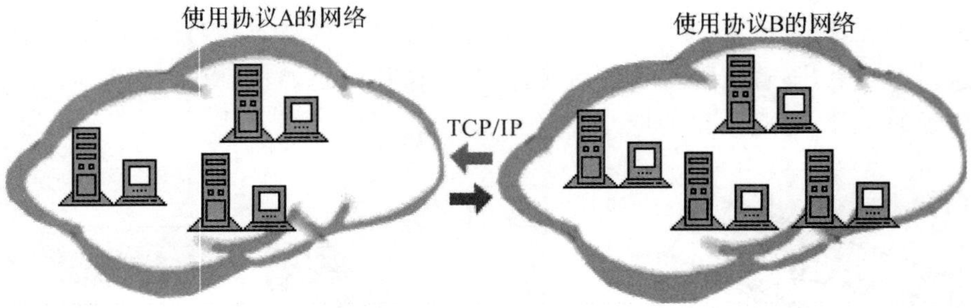

不同协议的网络之间使用 TCP/IP 协议进行通信

6.4.2 无线传感器网络

无线传感器网络(Wireless Sensor Networks,WSN)是由多个节点组成的面向任务的无线网络,它综合了传感器、嵌入式计算、网络及无线通信、分布式信息处理等多种领域技术,通过各类微型传感器对目标信息(如湿度/温度/振动/电磁场/辐射等信息)进行实时监测,由嵌入式计算资源对信息进行处理,并通过无线通信网络将信息传送至远程用户。

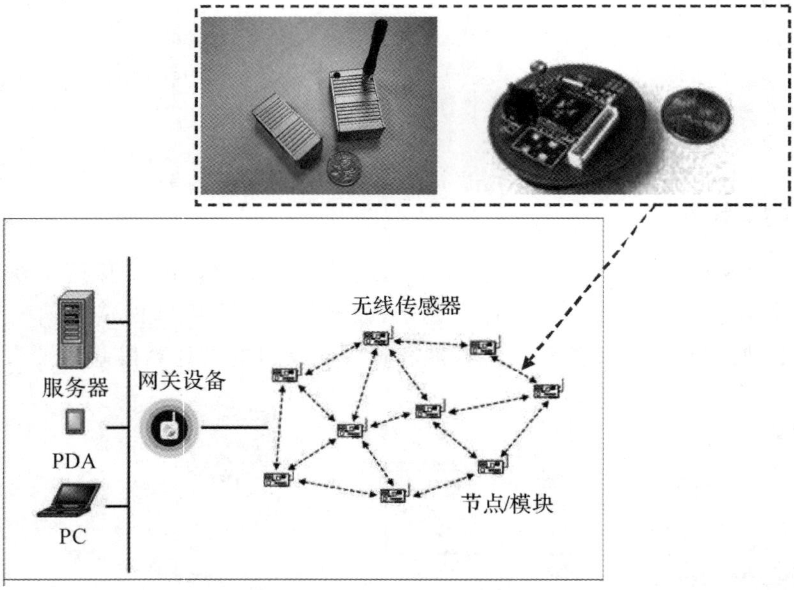

无线传感器网络及传感器节点实物示意图

无线传感器网络技术具有十分广阔的应用前景,在军事、反恐、工农业控制、城市管理、生物医疗、环境监测、抢险救灾、危险区域远程控制等许多领域都有重要的科研价值和实用价值,例如近距离无线数据传输、无线数据采集、工业遥控、遥测、军事环境监测与侦查等领域已经出现了成熟的应用产品。

目前主要的研究方向包括无线传感器模块设计制作、低功耗通信协议设计、自组网协议和传感器网络安全认证等。

6.4.3 TCP/IP 模型

TCP/IP 是伴随 Internet 发展起来的网络模型，分为 4 层，由下而上分别为网络接口层、Internet 层、传输层和应用层。TCP/IP 在很大程度上被认为是一个协议系列或协议簇。在该模型中包括了很多网络协议，如下图所示。

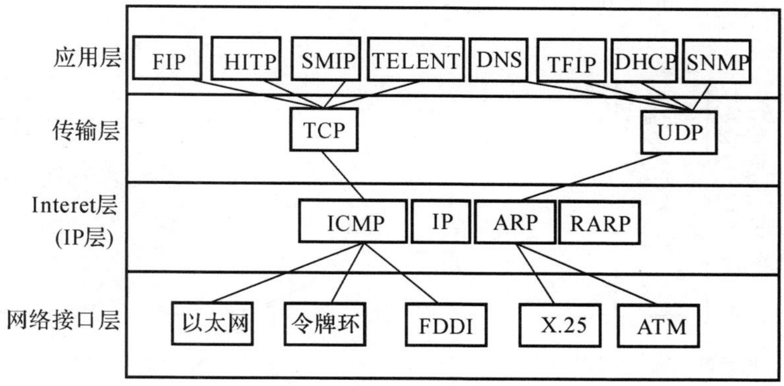

TCP/IP 模型各层使用的协议

网络接口层是该模型的最低层，负责接收 IP 数据报或物理帧并发送出去；Internet 层负责将源主机发送的分组独立地送往目标主机，包括 IP，ARP，RARP 等协议，其中 IP 是最核心的协议，它规定 Internet 层数据分组的格式；传输层负责在源节点和目的节点的两个对等应用进程之间提供端到端的数据通信，包括 TCP 和 UDP 协议；应用层涉及为用户提供网络应用，并为这些应用提供网络支撑服务，包括众多的应用协议与应用支撑协议，常见的有 HTTP，FTP，DNS 和 SNMP 等。

6.4.4 局域网技术

局域网(LAN)即计算机局部区域网，该网是一种广播机制，通过连续的媒介相连，由独立的设备组成并且能够相互通信的一种共享资源的通信系统。

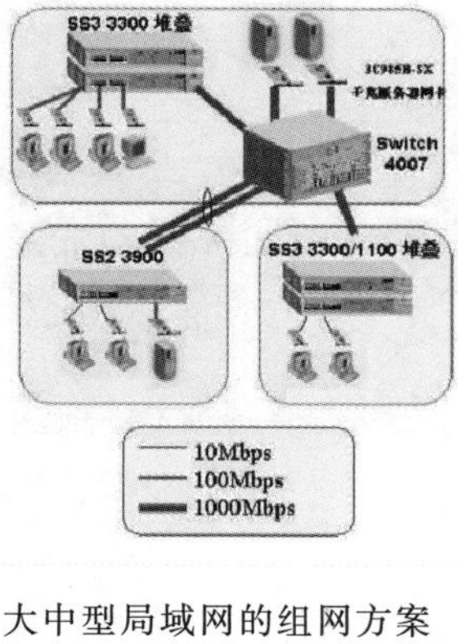

大中型局域网的组网方案

图例是一个大中型局域网的组网方案：网络中心配置一台第三层千兆交换 Switch 4007。楼层接入交换机采用 Switch 3900/3300/1100，楼层交换机根据需要可配置一到两条千兆链路与主交换机相连，构成完整的千兆以太网主干。该方案面向用户规模在 500～1000 的网络。

在整个方案中，可做到 10/100Mb/s 交换到用户桌面，服务器和交换机的连接采用千兆接入，中心交换机和楼层交换机之间采用光纤进行连接。中心交换机 Switch 4007 可配置第三层交换模块，使整个网络具有高性能的第三层交换能力。

6.4.5 电子商务

电子商务是以信息技术为手段，以资金利润为驱动，以商务活动为对象的资源重组过程。电子商务应包括两个方面：一是交易活动或形式，二是能够使交易活动进行的通信设施。

电子商务的常见模式包括企业与消费者间的电子商务(B2C)，企业与企业之间的电子商务(B2B)，企业与政府之间的电子商务(B2G)。

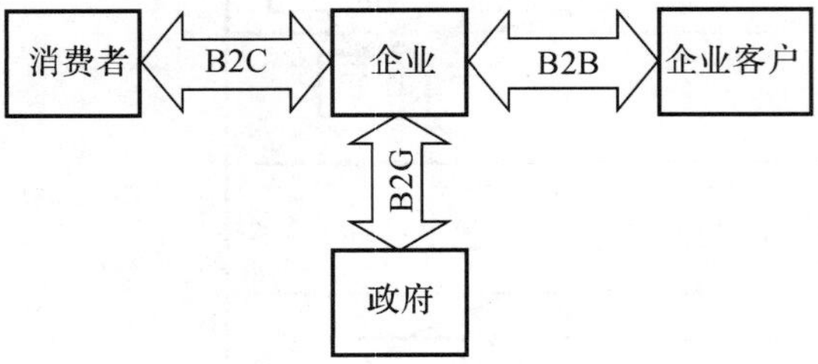

电子商务的常见模式

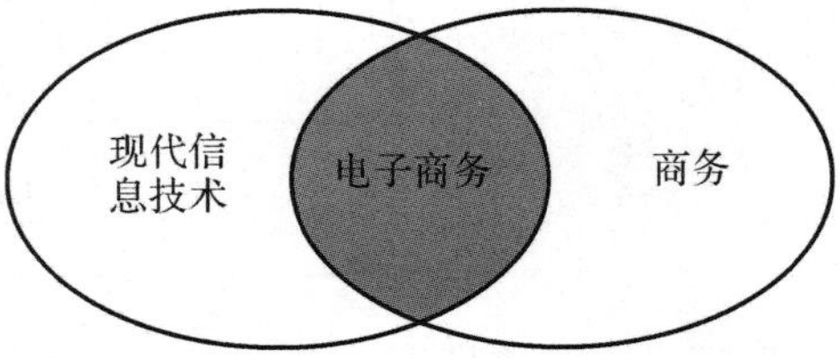

电子商务的概念图

电子支付是电子交易的当事人，使用安全电子支付手段进行的货币支付或资金流转。它是支付方把放于商业银行的资金，通过一条线路划入收益方开户银行，以支付给收益方的一系列转移过程。

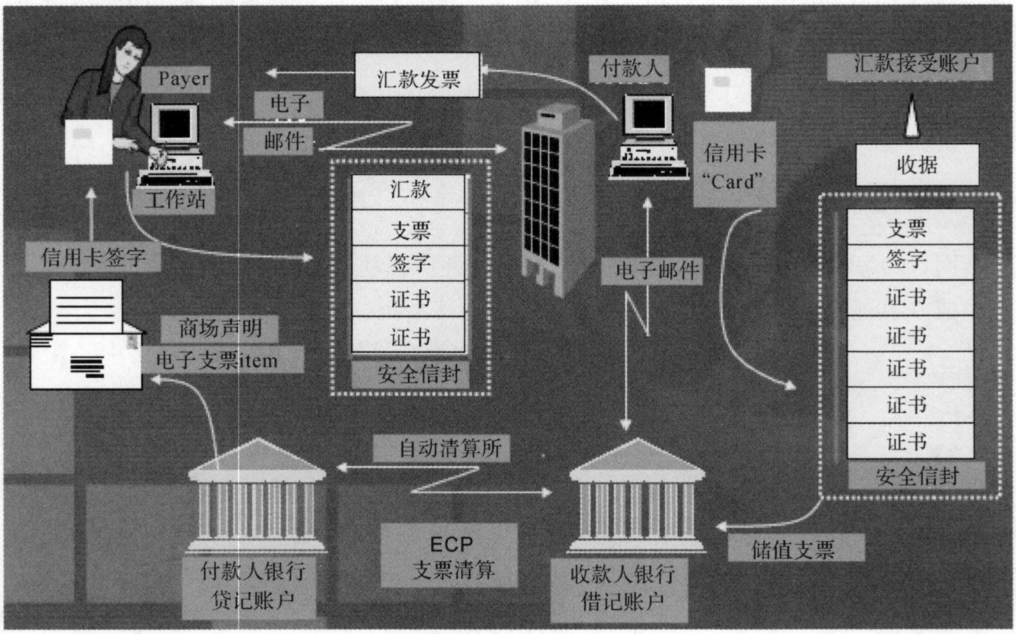

电子资金划拨流程图

6.5　人工智能

6.5.1　人工智能

人工智能是计算机科学的一个分支，它由不同的领域组成，如机器学习，计算机视觉等，总的说来，人工智能研究的一个主要目标是使机器能够胜任一些通常需要人类智能才能完成的复杂工作。它一方面不断获得新的进展，一方面又转向更有意义、更加困难的目标。目前，能够用来研究人工智能的主要物质手段以及能够实现人工智能技术的机器就是计算机，人工智能的发展历史是和计算机科学与技术的发展史联系在一起的。除了计算机科学以外，人工智能还涉及信息论、控制论、自动化、仿生学、生物学、心理学、数理逻辑、语言学、医学和哲学等多门学科。

我国学者对人工智能作出了巨大的贡献，自主创建的具有综合特色的人工智能理论格外引人注目。中国科学家已经成为国际人工智能研究领域中不可缺少的重要力量，在世界人工智能领域的发展中发挥着自己应有的作用。

智能机器人

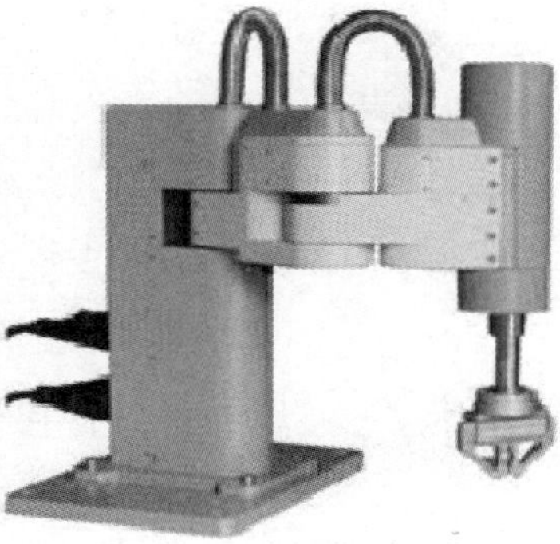

四自由度教学机器人

6.5.2　计算机仿真

对于需要研究的对象，计算机一般是不能直接认知和处理的，这就要求建立一个既能反映研究对象的实质，又易于被计算机处理的数学模型。从模型的角度出发，计算机仿真的实现可以分为三个步骤。

1. 模型的建立

对于所研究的对象或问题，首先根据仿真所要达到的目的抽象出一个确定的系统，并且给出该系统的边界条件和约束条件。

2. 模型的转换

对上一步抽象出来的数学表达式通过适当的算法和计算机语言转换成为计算机能够处理的形式，这种形式所表现的内容，就是所谓的仿真模型。

3. 模型的仿真实验

将上一步得出的仿真模型载入计算机，按照预先设置的实验方案运行。

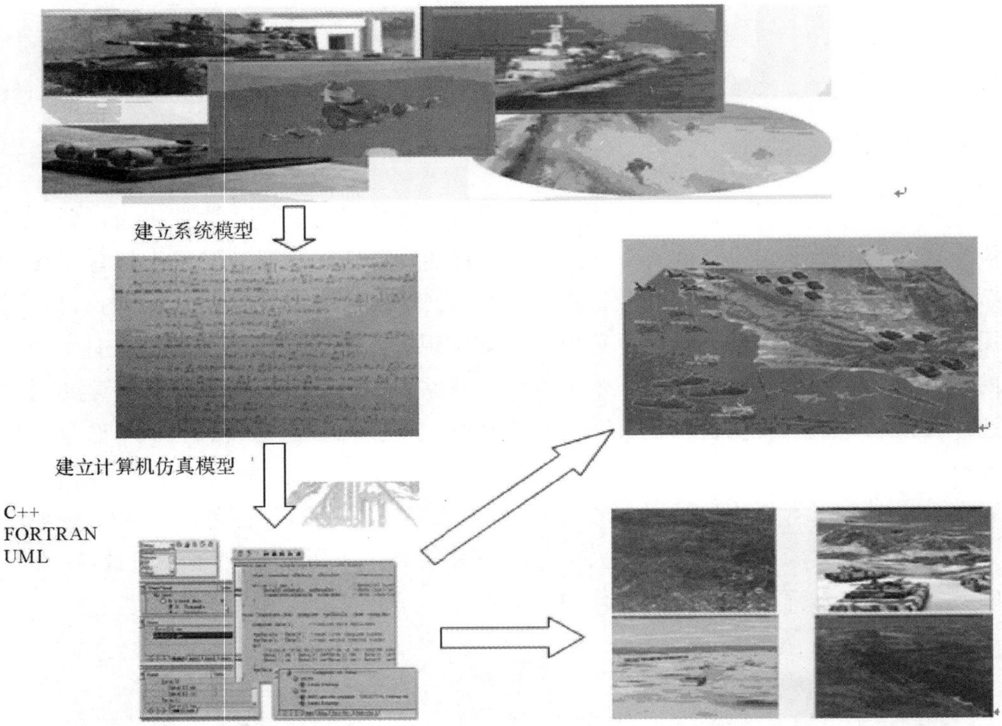

仿真过程示意图：实际系统、系统模型、仿真模型、仿真结果

6.6 探测与制导

6.6.1 航天测控技术

神舟飞船载着航天员冲出地球、翱翔太空又安然地返回，实现了中国人几十年来的梦想。但是，它在天上是如何工作的？出了问题怎么办？如何听命于数百公里之外地面人员的控制？这都要依赖于一个关键的系统：航天测控系统。

航天测控系统示意图

航天测控系统就是对运行中的航天器（运载火箭、人造地球卫星、宇宙飞船和其他空间飞行器）进行跟踪、测量和控制的大型电子系统，主要包括跟踪测量系统、遥测系统、遥控系统、计算系统、时间统一系统、显示记录系统、通信、数据传输系统等几个子系统。

我国的航天测控系统是在航天事业的发展中逐步完善的。现已在大陆上建立了多个测控站和一个测控通信中心；为了扩展观测范围，还建造了海上测量船，以便驶往远洋对航天器进行跟踪观测。在整个测控系统中使用了多台计算机,并有贯通各个测控站、测量船和测控中心的通信网络。

北京的航天指挥控制中心

西安卫星测控中心测控站

远望号测量船

6.6.2　中国载人航天发展史

1. 神舟一号——中国第一艘试验宇宙飞船

“神舟一号”于 1999 年 11 月 20 日在酒泉卫星发射中心发射升空,并于翌日成功返回地球。“神舟一号”和运载火箭均由中国研制。这是中国载人航天工程的第一次飞行试验,为中国航天技术带来了重大突破。

2. 神舟二号——中国第一艘无人宇宙飞船

2001 年 1 月 10 日,“神舟二号”在酒泉卫星发射中心发射升空,在轨道上飞行了 7 天,环绕地球 108 圈后,在内蒙古安全降落。“神舟二号”是中国第一艘无人宇宙飞船,搭载有猴子、狗和兔子各 1 只以及蜗牛数只。这是中国载人航天工程的第二次飞行试验,标志着中国航天技术取得了新进展。

远望号测量船在乘风破浪

3. 神舟三号——太空研究获重要成果

2002 年 3 月 25 日,“神舟三号”在酒泉卫星发射中心发射升空,载有实验仪器的返回舱于 7 天后着陆,而载有成像光谱仪的轨道舱则在轨道上飞行了 180 多天才返回地面。“神舟三号”载有人体代谢仿真装置、仿真人生理信号设备及形体假人,能够定量模拟航天员的重要生理活动参数。这次飞行试验为太空生命研究带来了重大进展。

4. 神舟四号——迈向“载人飞行”的重要一步

“神舟四号”于 2002 年 12 月 30 日成功升空,并于 2003 年 1 月 5 日在内蒙古中部地区成功着陆。“神舟四号”在飞行期间,先后进行了对地探测、定轨试验、太空生命科学实验及太空环境探测等。

5. 神舟五号——中国第一艘载人宇宙飞船

2003 年 10 月 15 日,“神舟五号”在酒泉卫星发射中心成功升空,把航天员杨利伟送上太空。宇宙飞船环绕地球飞行 14 圈后,于翌日清晨返回地球。“神舟五号”载着首位中国航天员成功进入太空,使中国继美俄之后,成为第三个可以送人上太空的国家,同时也使中国的航天事业进入一个新里程。

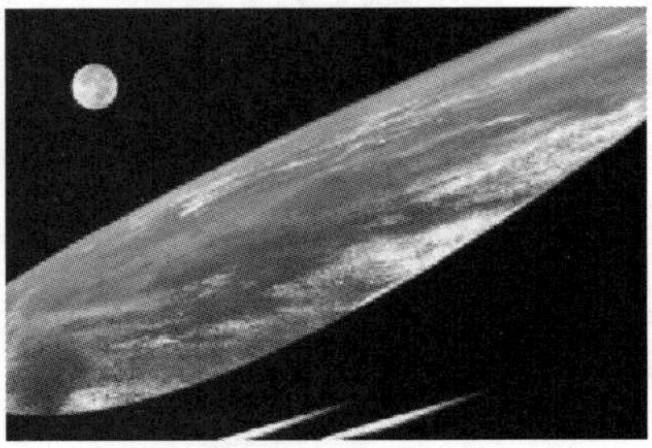

杨利伟拍摄的太空照片

6. 神舟六号——中国步入载人航天新时代

2005 年 10 月 17 日,当“神舟六号”载人飞船经过 5 天的太空飞行顺利返回地面、两名航天员费俊龙与聂海胜健康出舱时,表明中国载人航天技术已日臻成熟,在世界载人航天俱乐部中,中国的地位更加稳固,举足轻重。这也意味着,从此刻起,世界载人航天领域正式步入三足鼎立的新时代。

“神舟六号”发射

“神舟六号”飞船

“神舟六号”的太阳能帆板

聂俊龙拍摄的太空照片

第 7 章

建筑工程

7.1 欧洲建筑

7.1.1 欧洲古典时代的建筑

1. 欧洲的建筑

欧洲古典建筑代表了那个时期人民的精神，从那气势宏伟的建筑群中依旧可以感受到那种心灵的震撼。欧洲建筑在大的概念上应属于西方建筑，从古希腊时代到 20 世纪三四十年代，欧洲一直是西方建筑文明的中心。虽然有更为早期的欧洲原始建筑，但是欧洲建筑真正的源头是古希腊文明。古希腊建筑主要是三种柱式：

(1)多立克柱式(Doric Order)。希腊多立克柱式的特点是比较粗大雄壮，没有柱础，柱身有 20 条凹槽，柱头设有装饰的多立克柱又被称为男性柱。著名的雅典卫城(Athen Acropolis)的帕提农神庙(Parthenon)即采用的是多立克柱式。

(2)爱奥尼柱式(Ionic Order)。希腊爱奥尼柱式的特点是比较纤细秀美，柱身有 24 条凹槽，柱头有一对向下的涡卷装饰，爱奥尼柱又被称为女性柱。爱奥尼柱由于其优雅高贵的气质，广泛出现在古希腊的大量建筑中，如雅典卫城的胜利女神神庙(Temple of Athena Nike)和伊瑞克忒翁神庙(Erechtheum)。

三种柱式结构的比较

(3)科林斯柱式(Corinthian Order)。希腊科林斯柱式的比例比爱奥尼柱更为纤细，柱头是用毛茛叶(Acanthus)作装饰，形似盛满花草的花篮。相对于爱奥尼柱式，科林斯柱式的装饰性更强，但在古希腊的应用并不广泛，雅典的宙斯神庙(Temple of Zeus)采用的是科林斯柱式。

古希腊是欧洲文化的发源地，古希腊建筑是欧洲建筑的先河，范围包括巴尔干半岛南部、爱琴海诸岛屿、小亚细亚西海岸以及东至黑海，西至西西里的广大地区。

2. 神庙及其他建筑

雅典建筑代表着一种信仰、一种文明。在这些建筑中，很多建筑首先起的是宗教和政治作用，随着时间的变迁，这些建筑哺育着一种生活方式，一种政治制度，一种哲学、思想、科学和文化，最后凝结成为一种文明。

埃皮道罗斯剧场

赫夫斯托斯神殿

帕提农神庙

3. 独具匠心的雅典卫城建筑

雅典卫城是世界新七大奇迹之一，也称为雅典的阿克罗波利斯。希腊语为“阿克罗波利斯”，原意为“高处的城市”或“高丘上的城邦”，距今已有 3000 年的历史。卫城的建筑与地形结合紧密，极具匠心。如果把卫城看做一个整体，那山岗本身就是它的天然基座，而建筑群的结构以至多个局部的安排都与这基座自然的高低起伏相协调，构成完整的统一体。它被认为是希腊民族精神和审美理想的完美体现。卫城的古迹中，著名的有山门、帕提农神庙、厄瑞克提翁神庙和雅典娜胜利女神庙。

雅典卫城

4. 古罗马的建筑（约公元前 300 年至公元 365 年）

（1）建筑技术与艺术。古罗马建筑直接继承并大大推进了古希腊建筑成就，开拓了新的建筑领域，丰富了建筑艺术手法，在建筑型制、艺术和技术方面的广泛成就，达到了奴隶制时代建筑的最高峰。建筑材料除砖、木、石外，还使用了火山灰制的天然混凝土，并发明了相应的支模、混凝土浇灌及大理石饰面技术。结构方面，在伊特鲁里亚和希腊的基础上发展了梁柱与拱券结构技术。拱券结构是罗马最大成就之一，种类有筒拱、交叉拱、十字拱、穹窿（半球），创造出一整套复杂的拱顶体系。罗马建筑的布局方式、空间组合、艺术形式都与拱券结构技术、复杂的拱顶体系密不可分。

继承古希腊柱式并将其发展为五种柱式：塔司干柱式、罗马多立克柱式、罗马爱奥尼柱式、柯林斯柱式、混合柱式。解决了拱券结构的笨重墙墩与柱式艺术风格的矛盾，创造了券柱式。解决了柱式与多层建筑的矛盾，发展了叠柱式，创造了水平立面划分构图形式。适应高大建筑体量构图，创造了巨柱式的垂直式构图形式。创造了拱券与柱列的组合，将券脚立在柱式檐部上的连续券。解决了柱式线脚与巨大建筑体积的矛盾，用一组线脚或复合线脚代替简单的线脚。

(2)重要建筑。

万神庙又名“潘提翁神庙”(Pantneon)。这座神庙是继希腊神庙艺术的又一次发展,其特点是充分利用拱券技术,罗马人使希腊柱式结构与拱券创造性结合在一起,作为拱券式殿堂建筑。它是世界上最大的圆顶建筑之一。

万神庙

罗马大斗兽场是帝国征服了耶路撒冷后为纪念胜利而修建的。斗兽场呈椭圆形,长轴为188米,短轴156米,周长527米,高57米,占地2万平方米,可容纳8万名观众。高高的立面分为4层,自上而下分别采用多立克柱式、爱奥尼柱式和科林斯柱式。

罗马大斗兽场

提图斯凯旋门是为了纪念镇压犹太人的胜利而建的。这座凯旋门主面的台基与女儿墙都较高,给人以稳定、庄严、威武雄壮之感。建筑物用混凝土浇筑,大理石贴面,檐壁上雕刻着凯旋时向神灵献祭的行列,浮雕布局和造型运用虚实相间的手法,创造出真实的空间感。

提图斯凯旋门

(3)广场及其他建筑。

图拉真纪念柱

温泉水池

海洋剧场的爱奥尼亚式圆柱

罗马广场遗址

卡雪神庙

7.1.2 文艺复兴建筑与巴洛克建筑

1. 建筑艺术与建筑发展史

(1)早期(15 世纪)。

佛罗伦撒主教堂大穹顶:意大利复兴建筑的第一个作品,设计者是早期文艺复兴的奠基人——伯鲁乃列斯基。

府邸建筑:美狄奇·吕卡尔第府邸,早期文艺复兴府邸的典型作品,建筑师是米开罗佐。

教堂建筑:巴齐礼拜堂,伯鲁乃列斯基设计。

(2)盛期(15 世纪末—16 世纪上半叶)。

坦比哀多:纪念性风格的典型代表,伯拉孟特设计。重大创新的建筑,对后世建筑影响很大。

法尔尼斯府邸:小桑迦罗设计。追求雄伟的纪念性,有较强的纵轴线,门厅为巴西利卡形式。

劳伦齐阿图书馆:较早将楼梯作为建筑艺术部件处理的实例,米开朗基罗设计。

文特拉米尼府邸:威尼斯文艺复兴府邸的代表,龙巴都设计。

圣马克图书馆:券柱式控制立面,体型简洁明快,珊索维诺设计。

(3)晚期(16 世纪下半叶)。

维晋寨的巴西利卡:晚期文艺复兴建筑师帕拉第奥的重要作品之一。其立面构图处理是柱式构图的重要创造,名为“帕拉第奥母题”。

圆厅别墅:晚期文艺复兴庄园府邸的代表,帕拉第奥的重要作品之一。

奥林匹克剧场:帕拉第奥设计,第一个把露天剧场转化为室内剧场。

麦西米府邸:帕鲁齐的杰作,把建筑平面、空间和艺术形式一起做了完整、细致的处理,在功能上有所突破。

圣彼得大教堂

美第奇宫

圣马可大教堂和圣马可广场

圣马可学校

坦比哀多礼堂

乌菲奇宫

圣玛利亚教堂

2. 巴洛克艺术的起源

巴洛克艺术是十七十八世纪在意大利文艺复兴建筑基础上发展起来的一种建筑和装饰风格。巴洛克艺术发源于 17 世纪教皇统治的罗马，那时意大利是欧洲艺术中心，但在巴洛克后期，欧洲艺术中心移转到法国，它并没有明确的艺术风格，只能算是一种爱好和时尚。

巴洛克艺术一反文艺复兴艺术的平静和克制，而表现为戏剧性、豪华与夸张，不拘泥各种不同艺术形式之间的界限，将建筑、绘画、雕塑等艺术形式融为一体。追求新奇，追求建筑形体和空间的动态，常用穿插的曲面和椭圆形的空间。喜欢富丽的装饰，强烈的色彩，打破建筑与雕刻绘画的界线，使其相互渗透，趋向自然；追求自由奔放的格调，表达世俗情趣，具有欢乐气氛。

圣卡罗教堂

巴洛克建筑的代表之一就是由波洛米尼设计的罗马的圣卡罗教堂。它的殿堂平面近似橄榄形，周围有一些不规则的小祈祷室；此外还有生活庭院。殿堂平面与天花装饰强调曲线动态，立面山花断开，檐部水平弯曲，墙面凹凸度很大，装饰丰富，有强烈的光影效果。尽管设计手法纯熟，也难免有矫揉造作之感。

17 世纪罗马建筑师塔纳建造的罗马波罗广场，是三条放射干道的汇合点，中央有一座方尖碑，周围设有雕像，布置绿化带。在放射形干道之间，建有两座对称的样式相同的教堂。这个广场开阔奔放，欧洲许多国家争相仿效。法国在凡尔赛宫前，俄国在彼得堡海军部大厦前都建造了放射形广场。杰出的巴洛克建筑大师和雕刻大师伯尼尼设计的罗马彼得大教堂前广场，周围用罗马塔斯干柱廊环绕，整个布局豪放，富有动态，光影效果强烈。

7.1.3 欧洲现代主义建筑与代表人物

现代主义建筑是指 20 世纪中叶，在西方建筑界居主导地位的一种建筑思想。这种建筑的代表人物主张，建筑师要摆脱传统建筑形式的束缚，大胆创造适应于工业化社会的条件的崭新建筑，因此具有鲜明的理性主义和激进主义的色彩，又称为现代派建筑。现代主义建筑思潮产生于 19 世纪后期，成熟于 20 世纪 20 年代，在五六十年代风行全世界。

现代主义建筑的代表人物提倡新的建筑美学原则。其中包括表现手法和建造手段的统一;建筑形体的内部功能的配合;建筑形象的逻辑性;灵活均衡的非对称构图;简洁的处理手法和纯净的体型;在建筑艺术中吸取视觉艺术的新成果。

现代主义建筑思想先是在实用为主的建筑类型(如工厂厂房、中小学校舍、医院建筑、图书馆建筑以及大量建筑的住宅建筑)中得到推行;到了20世纪50年代,在纪念性和国家性的建筑中也得到实现,如联合国总部大厦和巴西议会大厦。现代主义思潮到了20世纪中叶,在世界建筑潮流中占据主导地位。

古根汉姆美术馆

(1)瓦尔特·格罗皮乌斯。他积极提倡建筑设计与工艺的统一,艺术与技术的结合,讲究功能、技术和经济效益。他对建筑功能的重视还表现为按空间的用途、性质、相互关系来合理组织和布局,按人的生理要求、人体尺度来确定空间的最小极限等。

格罗皮乌斯力主用机械化大量生产建筑构件和预制装配的建筑方法。他还提出一整套关于房屋设计标准化和预制装配的理论和办法。

1919年,格罗皮乌斯出任魏玛艺术与工艺学校的校长。就职后他立即改组这个学校,聘请一批激进的年轻艺术家当教员,推行一套新的教学制度和教学方法,同保守的学院教育唱对台戏。由他领导的这所称为"包豪斯"(Bauhaus)的学校随即成为西欧最激进的一个设计和建筑的中心。

(2)勒·柯布西耶。他是20世纪最著名的建筑大师、城市规划家和作家,是现代建筑运动的激进分子和主将,被称为"现代建筑的旗手"。

勒·柯布西耶提出了五个建筑学新的特点:底层架空、屋顶花园、自由平面、带形长窗和自由立面。他是当时最具有影响力的建筑师,同时,也是一位著名的社会改良主义者。

他还对城市规划提出了许多设想,一反当时反对大城市的思潮,主张全新的城市规划,认为在现代技术条件下,完全可以既保持人口的高密度,又形成安静卫生的城市环境,首先提出高层建筑和立体交叉的设想,是极有远见卓识的。他在20世纪30年代始终站在建筑发展潮流的前列,对建筑设计和城市规划的现代化起了推动作用。

1920年勒·柯布西耶在巴黎同一些年轻的艺术家和文学家创办《新精神》杂志,写文章提倡创造新建筑。1923年出版《走向新建筑》一书,强烈批判保守派的建筑观点,为现代建筑运动提供了一系列理论根据,这本书如一声春雷,表明了现代建筑运动的到来。

(3)密斯·凡德罗。他坚持"少就是多"的建筑设计哲学,在处理手法上主张流动空间的新概念。他的设计作品中各个细部精简到不可精简的绝对境界,不少作品结构几乎完全暴露,但是它们高贵、雅致,已使结构本身升华为建筑艺术。

密斯·凡德罗在战后初期热心于绘制新建筑的蓝图。1919—1924年期间,他提出了玻璃和钢的高层建筑示意图，钢筋混凝土结构的建筑示意图等。他通过精心推敲的、采用新技术的建筑形象向人们证明：摆脱旧的建筑观念的束缚之后，建筑师完全能够创造出清新活泼、优美动人的新的建筑形象。

密斯也特别重视将自然环境、人性化与建筑融合在一个共同的单元里面。由他设计的郊外别墅、展厅、工厂、博物馆以及纪念碑等建筑都体现了这一点。

(4)赖特。他是 20 世纪美国的一位最重要的建筑师，在世界建筑领域享有盛誉。他对现代建筑有很大的影响，但是他的建筑思想和欧洲建筑运动的代表人物有明显的差别，走的是一条独特的道路。

“有机建筑”是现代建筑运动中的一个派别，赖特是这个流派的代表人物。他早在 19 世纪末便倡导了接近自然和赋予生活气息的草原式住宅；两次世界大战期间转而利用新的工业材料与新技术来为他的现代生活与生活美学服务。这种思想的核心是“道法自然”，就是要求依照大自然所启示的道理行事。

其中最有代表性的是他在 1936 年为富豪考夫曼设计的流水别墅。赖特在瀑布之上实现了“方山之宅”的梦想，整个构思是大胆的，成为无与伦比的世界最著名的现代建筑。

(5)阿尔瓦·阿尔托。他终生倡导人性化建筑，主张一切从使用者角度出发，其次才是建筑师个人的想法。他的建筑融理性和浪漫为一体，给人亲切温馨之感，而非大工业时代下的机器产物。他也是一名爱国的建筑师，他将芬兰当地的地理和文化特点融入建筑中，形成了独具特色的芬兰现代建筑。

阿尔瓦·阿尔托是现代建筑的重要奠基人之一，也是现代城市规划、工业产品设计的代表人物。他在国际上的声誉与前四位大师一样高，而他在建筑与环境的关系、建筑形式与人的心理感受的关系这些方面都取得了其他人所没有的突破，是现代建筑史上举足轻重的大师。

阿尔托主要的创作思想是探索民族化和人情化的现代建筑道路。他认为工业化和标准化必须为人的生活服务，适应人的精神要求。他所设计的建筑平面灵活，使用方便，结构构件巧妙地化为精致的装饰，建筑造型娴雅，空间处理自由活泼且有动势，使人感到空间不仅是简单地流通，而且在不断延伸、增长和变化。阿尔托热爱自然，他设计的建筑总是尽量利用自然地形，融优美景色和纯朴风格于一体。

7.1.4　现代主义之后的建筑思潮

20 世纪 60 年代后期，在欧美一些发达国家中，建筑的发展进入了一个新的历史阶段，出现了明显不同于在两次世界大战之间形成的、并在战后得到广泛传播的现代建筑的思想和实践。进入 20 世纪 80 年代，建筑界又不断涌出形形色色的思潮、流派与新的探索，以至于很难用某个统一的名称来包容了。

1. 新地域主义

新地域主义这一名称的提出在形式上与后现代主义或新理性主义有着明显的不同。它并不是那种可以列出一系列标志性建筑活动与代表性人物的建筑运动或建筑思潮，而是一种遍布广泛、形式多样的建筑实践倾向。这些实践有个共同的思想基础和努力目标，那就是建筑总是联系着一个地区的文化与地域特征，应该创造适应和表征地方精神的当代建筑，以抵抗国际式现代建筑的无尽蔓延。

2. 后现代主义

后现代主义是20世纪60年代以来，在美国和西欧出现的反对或修正现代主义建筑的思潮。第二次世界大战结束后，现代主义建筑成为世界许多地区占主导地位的建筑潮流。但是在现代主义建筑阵营内部很快就出现了分歧，一些人对现代主义的建筑观点和风格提出怀疑和批评。

美国建筑师斯特恩提出后现代主义建筑有三个特征：采用装饰，具有象征性或隐喻性，与现代环境融合。

西方建筑杂志在20世纪70年代大肆宣传后现代主义的建筑作品，但实际直到80年代中期，堪称有代表性的后现代主义建筑，无论在西欧还是在美国仍然为数寥寥。比较典型的有美国奥柏林学院爱伦美术馆扩建部分、美国波特兰市政大楼、美国电话电报大楼、美国费城老年公寓等。

美国电话电报大楼

美国波特兰市政大楼

3. 解构主义

从字义来看，解构主义是指对于正统原则与正统标准的否定和批判。这里的所谓正统原则和正统标准，是指现代主义、国际主义的原则和标准。因此，如果要对解构主义有一个真正的认识，其实应该是从对于现代主义、国际主义或者是现代主义组成部分之一的解构主义开始。与后现代主义的研究与认识一样，如果没有一个对现代主义的真正了解和透彻认识，是不可能对解构主义有真正的了解的。

解构主义建筑

解构主义最大的特点是反中心，反权威，反二元对抗，反非黑即白的理论。解构主义建筑的特征是无绝对权威，个人的，非中心的；恒变的，没有预定设计；多元的，非同一化的，破碎的，凌乱的，模糊的。

4. 新理性主义

新理性主义也称坦丹札学派，其代表人物是意大利建筑师、建筑理论家 A. 罗西。

从表面上看，新理性主义运动与后现代古典主义有许多共同之处，它的理论关注点是围绕着建筑的历史与传统问题展开的，它的众多实践作品也体现了强烈的历史传统意识。但事实上，新理性主义运动对于建筑的思考在深层次上是与以美国为代表的那些广泛吸收古典建筑元素以及各种历史符号的后现代建筑不尽相同的，它寻找的是一种基于文化与历史的发展逻辑来建立的、合乎理性的建筑生成原则。

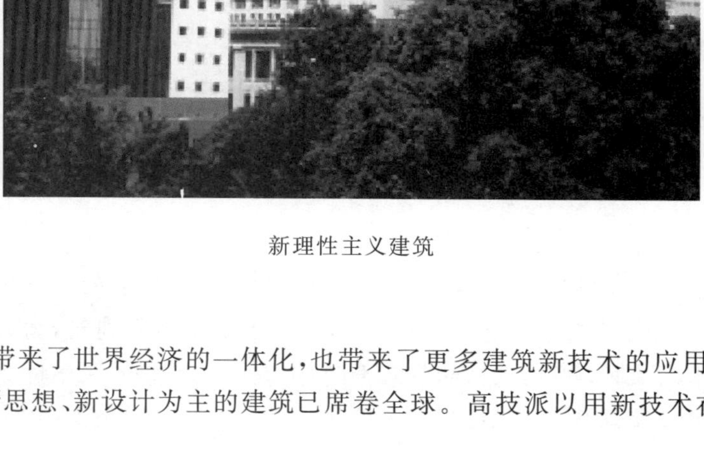

新理性主义建筑

5. 高技派

开放与交流带来了世界经济的一体化，也带来了更多建筑新技术的应用，新设计的发展。这些以新材料、新思想、新设计为主的建筑已席卷全球。高技派以用新技术在功能、形式上表现建造者的愿望见长，逐渐成为现代建筑师们的主要技法。技术原则是高技派技术观的核心并主导其建筑观、美术观和历史观。除替代技术外，适宜技术是建筑师解释技术原则时最重要的概念。

高技派建筑

7.2 中国古代建筑

7.2.1 中国古代建筑发展

中华民族在5000年的历史长河中，创造了光辉灿烂的建筑文化，中国建筑在世界独树一帜，并与欧洲建筑、伊斯兰建筑并称世界三大建筑体系。中国古代建筑有悠久的历史，是文化的精髓。

1. 先秦时期的建筑

在原始社会，建筑的发展是极其缓慢的，在漫长的岁月里，我们的祖先从艰难地建造穴居和巢居开始，逐步掌握了营建地面房屋的技术，创造了原始的木架建筑，满足了最基本的居住和公共活动的要求。与北方流行的穴居方式不同，南方湿热多雨的气候特点和多山密林的自然地理条件孕育出云贵、百越等地区“构木为巢”的居住模式。正是原始社会的“巢居”、“穴居”

在长期历史环境的变迁中，受社会、自然、文化等多种条件的制约与影响，才一段段将华夏建筑筑成一部璀璨的史诗。

公元前2070年到公元前476年的夏、商、周及春秋时期，是建筑发展的一次飞跃，灿烂的青铜文化为木构技术及板筑技术提供了很大的便利。尤其在公元前11世纪，西周经济更为繁荣，人口日益密集，战争较多。实行了分封制度后，筑城和宫室的制度日趋完善。《周礼·考工记》载："匠人营国，方九里，旁三门，国中九经九纬，经涂九轨。左祖右社，面朝后市，市朝一夫。"在陕西的考古发掘中发现，西周已有形制完整的四合院型的居室，当时有标准化的居住制度和等级次序，中原建筑形制已发展得较为成熟，初期生产性的园囿逐渐发展成为具有观赏性的园林。

2. 秦朝两汉时期的建筑

秦始皇统一全国后(前221年)，大力改革政治、经济、文化，统一货币与度量衡，统一文字，修驰道通达全国，并筑长城以御匈奴。这些措施对巩固国家政权起了一定作用。由于国家统一，可以集全国之人力、物力与六国成就，在咸阳修筑都城、宫殿、陵墓。历史上著名的阿房宫、骊山陵至今遗迹犹存。

整个汉代(公元前206—公元220年)处于封建社会上升时期，社会生产力的发展促进建筑产生显著进步，形成我国古代建筑史上又一个繁荣期。它的突出表现是木架建筑逐渐趋向成熟，砖石建筑和拱券结构有了很大发展。而砖石建筑利于保存的特点，使许多遗址保存至今。

秦朝两汉时期的建筑

3. 魏晋南北朝时期的建筑

从东汉末年经三国、两晋到南北朝，是我国历史上政治不稳定、战争破坏严重、长期处于分裂状态的一个时期。在这300多年间，社会生产的发展比较缓慢，在建筑上也不及两汉期间有那么多生动的创造和革新。但是，佛教的传入带来了印度、中亚一带的雕刻、绘画艺术，不仅使我国的石窟、佛像、壁画等有了巨大发展，而且也影响到建筑艺术，使汉代比较质朴的建筑风格，变得更为成熟。

这个时期最突出的建筑类型是佛寺、佛塔和石窟，佛教在东汉初就已传入中国，至南北朝时统治阶级予以大力提倡，兴建了大量的寺院、佛塔和石窟。自从印度传入佛教后，开凿石窟的风气在全国迅速传播开来。最早是在新疆，其次是甘肃敦煌莫高窟。以后各地石窟相继出现，其中著名的有山西大同云岗石窟、河南洛阳龙门石窟、山西太原天龙山石窟等。

魏晋南北朝时期的建筑

4. 隋唐时期的建筑

自公元589年隋统一南北朝至明初约600年间，建筑在形制艺术上更趋成熟，在施工技术和组织管理上也日益严密完善。唐代的繁盛使各族文化融合并予以统一，居住制度更为完善。

北宋有了我国第一部有关建筑设计及技术经验总结的完整巨著《营造法式》，主要记录官家大式、大木等做法，系统反映出管式建筑的发展水平，礼制有了更加严格的规定。

总之，隋、唐至宋是我国封建社会的鼎盛时期，也是我国古代建筑的成熟时期，在城市建设、木架建筑、砖石建筑、建筑装饰、设计和施工技术方面都有巨大发展。

5. 宋辽金元时期的建筑

北宋在政治上、军事上是我国古代史上较为衰落的朝代，但在经济、农业、手工业和商业上都有发展，科学技术也有很大进步，出现了指南针、活字印刷术和火药等伟大发明。南宋时，中原人口大量南移，南方手工业、商业发展起来。由于两宋手工业与商业的发达，建筑水平也达到了新的高度。

契丹原是游牧民族，唐末吸收汉族先进文化，逐渐强盛，不断向南扩张，五代时进入河北、山西北部地区。由于辽代建筑是吸取唐代北方传统做法而来，工匠也多是汉族人，因此较多保留了唐代建筑的手法。

女真贵族统治的金朝占领中国北部地区以后，吸收宋、辽文化，逐渐汉化，建造京城，仿照宋东京制度，征用大量汉族工匠，因此金朝建筑既沿袭了辽代传统，又受到宋朝建筑影响。由于金朝统治者追求奢侈，建筑装饰与色彩比宋更富丽。

蒙古贵族统治者建立了一个疆域广大的军事帝国。这来自落后的游牧民族的统治，使两宋以来高度发展的封建经济和文化遭到极大摧残，对中国社会的发展起了明显的阻碍作用，建筑发展也处于萧条状态。直到元世祖忽必烈采取鼓励农桑政策，社会生产力才逐渐恢复。

隋唐时期的建筑

宋辽金元时期的建筑

6. 明清时期的建筑

自公元 1368 年明朝建立至 1840 年鸦片战争近 500 年的时间是我国封建社会晚期，建筑上进一步发展了木构架艺术，装修陈设上也留下许多砖石、琉璃、硬木等的不朽之作。建筑类型得到进一步分化，并留下了大量可供参考的建筑实体。

明清时期的建筑

自1840年至解放前的近代建筑时期，我国半封建半殖民地的社会性质决定国人大量接受西方文化，部分建筑出现了中西合璧的新形象，园林也常有西洋门面、西洋栏杆、西方花样等，成为我国建筑演进过程的一个重要阶段。

7.2.2 中国古代建筑风格

建筑本身就是一个供人们居住、工作、娱乐、社交等活动的环境，因此不仅内部组成部分要考虑配合与协调，而且要特别注意与周围大自然环境的协调，还要与建筑用途紧密相连。中国古代建筑是璀璨的文明、纷繁的乐章。

1. 宫殿建筑

宫殿建筑又称宫廷建筑，是皇帝为了巩固自己的统治，突出皇权的威严，满足精神生活和物质生活的享受而建造的规模巨大、气势雄伟的建筑物。这些建筑大都金玉交辉、巍峨壮观。

从秦朝开始，“宫”成为皇帝及皇族居住的地方，宫殿则成为皇帝处理朝政的地方。中国宫殿建筑的规模在以后的岁月里不断加大，其典型特征是斗拱硕大，以金色、黄色的琉璃瓦铺顶，有绚丽的彩画、雕镂细腻的天花藻井、汉白玉台基、栏板、梁柱以及周围的建筑小品。

中国宫殿建筑以北京的故宫为代表。故宫又名紫禁城，是明清两朝皇帝的宫廷，先后有24位皇帝在此居住过。故宫占地面积72万平方米，有房屋9 000多间，故宫周围高高的红色围墙，周长3 400多米，墙外是护城河。故宫规模之大、风格之独特、陈设之华丽、建筑之辉煌，在世界宫殿建筑中极为罕见。

由于朝代更迭及战乱，中国古代宫殿建筑留存下来的并不多，现存除北京故宫外，还有沈阳故宫，此外，西安尚存几处汉唐两代宫殿遗址。

宫殿建筑

2. 礼制与祭祀建筑

在古代社会长期发展中，礼成了“以血缘为纽带，以等级分配为核心，以伦理道德为本位”的思想体系和制度。这个被提得极高的尊卑意识、名分观念和等级制度，不仅贯穿于政治待遇、社会特权、家族地位，而且渗透到了社会生活、家庭生活、衣食住行的各个领域。在建筑方面，它成了传统礼制的一种象征与标志，大到城市、建筑族群、坛庙、宫殿、门阙、庭院、台基、屋顶形式、建筑面阔和进深，小到斗拱、门钉、装饰色彩等。

古人认为“万物本乎天，人本乎祖”，所以对天、对祖先必须进行祭祀，这样可以得到天的恩施，得到祖先神灵的保佑。封建帝王把祭天、祭祖、祭社稷看做三大祭祖大典，简称“三大祭”。坛庙就是在这种思想指导下建造起来的一种祭祀性建筑。在古人心中，坛庙是神灵与苍生的感应场，是进行人神对话与交流的圣地。坛，除社稷坛以外，其他诸坛都设在郊外，多在平地上作高台，以作祭场。由于祭祀对象不同，其布局、形状、层数以及祭祀的日期都不同。庙分三种，即宗庙、君师庙、神庙。宗庙又称先祖庙或太庙，是历代帝王用来祭祀自己祖先的地方。

3. 佛教建筑

佛教产生于公元前五六世纪之交的古代印度，大约到公元一世纪，当东汉(25—220 年)明帝时，经西域和南海传入中国。佛教建筑主要是佛寺和佛塔，是仅次于宫殿的另一重要建筑类型。

礼制与祭祀建筑

沿着黄河流域发展起来的中国古代文化，天生具有一种注重现实人生的精神，中国的宗教建筑也就散发着一种现实的、人的气息。

佛寺是佛教僧侣供奉佛像、舍利（佛的骨头），进行宗教活动和居住的处所。佛寺在中国历史上曾有浮屠祠、招提、兰若、伽蓝、精舍、道场、禅林、神庙、塔庙、寺、庙等名，其大多源于梵文音译、意译，或为假借、隐喻，或为某种类型的专称、别名，到明清时期通称寺、庙。

不同时代、不同宗派的佛寺在建筑上存在着差异，但大体都是以佛殿或佛塔为主体，以讲堂、藏经、僧舍、斋堂、库厨等为辅助建筑，布局上沿袭中国传统的庭院形式。佛寺的宗教活动具有群众性，因而与戏场、集市等相伴出现。建在山林的佛寺则多与风景名胜相结合。中国佛寺虽是宗教建筑，却和世俗生活密切相关，具有一定程度的公共建筑性质。

4. 居住建筑

传统居住环境是由传统住宅建筑及其周围的物质要素共同营造而成的一种生活环境，它有着自身独特的构成特征与文化内涵。我国传统的住宅可以分为百姓住宅、文人住宅、官商住宅，直至王宫府邸。不同的阶层、生活爱好或信仰以及审美情趣的迥异，使得居住建筑异彩纷呈。在我国古代建筑中，居住建筑是各类建筑构成与形象表现的一种原型。无论是庙宇、祠堂、庄园、城镇都基本遵循了住宅的范型，通过轴线而渐次延伸展开，等级次序分明。居住建筑对文化、艺术创作和百姓的精神生活，都有很大的影响。居住建筑作为建筑文化的重要组成部分，与同时代的文学、绘画、书法等文化艺术相互密切影响，因而时代的审美风尚及工艺水平必然反映到居住建筑上。

佛教建筑

居住建筑

第8章

人文与社会科学

8.1 管理学与经济学

8.1.1 管理学

1. 管理学的概念

管理学是系统研究管理活动的基本规律和一般方法的科学。管理学是适应现代社会化大生产的需要产生的。所谓管理，是指组织中的管理者，通过实施计划、组织、人员配备、领导、控制等职能来协调他人的活动，是他人同自己一起实现既定目标的活动过程。

管理学的目的是研究在现有的条件下，如何通过合理的组织和配置人、财、物等因素，提高生产力的水平。管理学是一门综合性的交叉学科。

20世纪初诞生的管理学随着理论研究者和实践者的努力，理论与实践均呈现出空前的繁荣，流派迭出，新理论、新思想不断产生，人才辈出。管理学也随着自身的发展分成了不同的流派。管理学至少已发展有十几个学派，典型的有古典学派、行为科学学派、社会系统学派、决策理论学派、系统管理学派、经验主义学派、权变理论学派、管理科学学派、组织行为学派、社会技术系统学派、经理角色学派、经营管理学派等等。

这些流派尽管各有自己对管理的看法，各有自己的理论主张，但从内容上来看，不超出三大内容：即组织、管理方式以及经营。科学管理原理的代表人物是泰勒，其原理本质上可以归结为一种管理方式或方法，即人的科学工作和协作及对人的激励与效率关系的研究是为发展出相应的管理方式方法而已；行为科学学派代表人物有梅奥(E. Mayo)、马斯洛(A. H. Maslow)、麦格雷戈(D. MeGregor)、卢因(K. Lewin)以及穆顿(J. S. Mouton)等，他们有的研究人际关系，有的研究人的需求与行为关系，也有的探讨人的本性及相应管理的问题，还有的研究正式组织中非正式组织问题以及双因素模式、管理方式方法等；社会系统学派代表人物巴纳德(C. I. Barnard)，其研究成果不过是从经理人员在组织中的作用角度看组织如何有效运作；权变理论学派、管理科学学派等研究的内容是组织及组织内管理的科学方式方法；经营管理学派是专门研究经营理论及经营中的管理问题。

2. 管理学的发展

人类管理实践活动几乎是与人类文明曙光同时出现的，探索管理活动规律的研究工作可以追溯到公元前的中国和古希腊。事实上，无论是在东方还是在西方，我们均可以找到古代哲人在管理思想方面的精彩论述。现代管理学的诞生是以泰勒的名著《科学管理原理》(1911年)以及法约尔的名著《工业管理和一般管理》(1916年)为标志的。现代意义上的管理学诞生以来，管理学有了长足的进步与发展，管理学的研究者、管理学的学习者、管理学方面的著作文

F. W. 泰勒(1856—1915)

献等均呈指数上升,显示了作为一门年轻学科勃勃向上的生机和兴旺发达的景象。进入 21 世纪,随着人类文明的进步,管理学仍然需要大力发展其内容和形式。在过去的一个多世纪的时间里,管理理论经历了古典管理理论阶段、行为科学阶段和现代管理理论阶段。从现有文献看,研究者所总结的管理学发展线索主要有三类:第一类是根据管理学的内容构成进行划分,例如将管理学发展路径划分为组织理论研究的演进路径(从古典组织理论、组织行为学、组织社会学、领导科学到企业文化等)、管理方式方法研究的演进路径(从科学管理理论、行为科学、管理科学理论、决策理论到生产管理信息管理方法等)、经营理论研究的演进路径(从厂商理论、产业组织、市场学、消费者理论到战略管理);第二类是根据管理知识的产生方法来进行划分,例如将管理学的形成与发展划分为三条线索,即应用管理学(从管理实践中总结出来的管理原理和方法)、理论管理学(以基本的人性假设出发构造的管理理论)和实验管理学(以管理案例为主的管理学);第三类则是根据管理学发展的影响因素来划分。在著名管理史学家雷恩看来,管理理论的发展与文化环境紧密相连,管理理论发展既是文化环境的一个过程,也是文化环境的产物。科技进步、制度变迁和文化传统与管理创新者的创新活动相互作用最终推进着管理理论发展、管理学知识的创新与积累,而战争和其他一些临时重大事件对整个过程也有短期的推动作用。

3. 管理学代表人物

(1)赫伯特·西蒙(Herbent Simon)。他的科学成就远超过他所教的任何一门学科——政治学、管理学、心理学和信息科学。但西蒙首先是一位经济学家,因终生从事经济组织的管理行为和决策的研究而获诺贝尔经济学奖。西蒙教授从生理学及心理学层面对“管理人”进行了科学而精细的分析,其对信息处理的有关论述具有十分重要的意义,其眼光独到,见解深刻,对当代大量信息的处理提出了指导性建议。

赫伯特·西蒙

亨利·明茨伯格

(2)亨利·明茨伯格(Henry Mintzberg)。在国际管理界,加拿大管理学家亨利·明茨伯格的角色是叛逆者。他是最具原创性的管理大师,对管理领域常提出打破传统及偶像迷信的独到见解,是经理角色学派的主要代表人物,他在组织管理学方面的主要贡献在于对管理者工作的分析。

(3)汤姆·彼得斯(Tom Peters)。他是全球著名的管理学大师之一,商界教皇,管理领袖中的领袖,后现代企业之父。多年来,彼得斯一直在倡导永恒管理革命的概念。他认为,标志如今这个时代的关键词是诸如“混沌”(chaos)、“疯狂”(crazy)以及“湍变”(turbulent)这样的概念。这个时代对商界精英们提出了更高的要求,那就是要不断学习、不断探索、不断试验。

(4)彼得·德鲁克(Peter Drucker)。德鲁克一生共著书39本,在《哈佛商业评论》发表文章30余篇,被誉为“现代管理学之父”,“大师中的大师”。他认为目标管理就是将各个管理人员个人的目标与企业的目标结合起来,实现个人的自我控制,使其从工作中满足自我实现的需要,从而获得更强烈的激励,实现企业组织的目标。

(5)亨利·法约尔(Henri Fayol)。古典管理理论的主要代表人物之一,亦为管理过程学派的创始人。法约尔与泰勒一样同属于管理学派,泰勒的理论侧重于在工厂中提高劳动生产率的问题,而法约尔则侧重于高层管理理论,他们的理论互为补充。

汤姆·彼得斯

彼得·德鲁克

亨利·法约尔

8.1.2 经济学

1. 经济学的概念

什么是经济学?长期以来有不同的观点,诸如“经济学是研究关于物品的生产和交换的活动”,“经济学是研究如何选择使用有限的资源生产商品和分配”,“经济学是研究货币、银行、资本和财富的学科”等。西方现代主流经济学对经济学的定义是:经济学是研究社会如何选择有各种用途的稀缺的生产资源,来生产各种商品,并把这些商品分配到社会的各个成员或集团之间的学科。主流经济学的定义并不一定十分完美,但它指出了经济学所要解决的三个基本问题,即社会生产什么、如何生产及为谁生产的三个基本问题。

2. 经济学的发展

经济学产生、发展和演变是人们对在物质资料生产过程中所产生、发展和演变的各种经济关系及经济规律的一种认识和反映。作为一门学科,经济学自身的发展包括研究对象、研究方法和手段等的发展,这些都决定于人类社会生产的不断发展和演变,因而经济学总是一个不断发展和创新的学科。在前资本主义社会,由于生产力水平不高,自然经济占统治地位,一些经济思想家对当时的经济问题提出过他们的见解,但是这些见解和观点是比较零碎和独立的,缺乏科学的系统性。资本主义诞生以来,社会生产力的快速发展,以前所未有的力量冲击着社会经济关系的各个方面，它在客观上要求人们去适应和驾驭经济发展的一般规律，以最大限度地满足人自身的利益需求。基于资本主义初期不断变化的各种社会经济关系，在西方应运而生了许多不同的经济学说和流派，试图对经济现象做出某种合理的解释。第一次对资本主义生产方式做理论考察的是重商主义。重商主义是西欧封建社会瓦解，并向资本主义社会过渡的历史时期，社会经济思想领域一系列深刻变化的产物，是特定历史时期的商业资本的意识形态，因为在这一时期，商业资本在整个资本主义的发展初期起着决定性的作用。在 17 世纪下半叶，西方尤其是英国的纺织、采煤、冶金、炼铁、造船等工业都有了较快的发展，资本主义工业已进入了工场手工业阶段，在这一背景下，重商主义已不再能完全解释资本主义的发展。产业资本取代了商业资本的优势地位，社会财富的增长不再表现为单纯的货币积累，而主要表现为社会再生产过程中创造出来的物质财富的增加，经济思想家对经济的关注也从对流通的研究转移到对生产、分配、交换、消费各个社会再生产过程的研究上来。以古典政治经济学为标志的西方经济学诞生了。

1776 年，英国人亚当·斯密发表了他的巨著《国富论》，这一理论体系是亚当·斯密在总结了始于 17 世纪中叶由威廉·配第开创的古典政治经济学思想的基础上提出来的。其内容涉及国民财富增长与劳动分工的关系，并由对劳动分工的研究深入到对交换、货币、价值和国民收入分配的研究；国民财富增长中的资本的作用以及资本的构成、资本积累的条件、资本的各种形态；国家政策与财富积累之间的关系；不正确的政策对国民财富增长的影响；国家的收支与债务等。

(1)微观经济学的产生及发展。古典政治经济学的瓦解有着认识的、政治的、经济的多方面的原因。从认识的原因来说，古典政治经济学的一些后继者，如萨伊、西尼耶等人提出了“纯经济理论”的概念，认为政治经济学可以像自然科学那样“纯理论化”，可以把政治经济学规律当“社会物理学”规律来研究，因而走入歧途；从政治原因来说，由于马克思主义的兴起，资产阶级需要维护资本主义制度，必须有与根本否定资本主义制度相对应的理论经济学的产生；从经济原因来说，古典的经济理论是自由资本主义的产物。那时的一般企业规模不大，资本家凭其本人的经验和才能即可管理好企业，企业家阶层的社会影响力也不大。但是 19 世纪 70 年代以来，资本主义企业的急速发展、大型垄断企业纷纷出现，有关企业管理、发展和调控的问题日益增多，客观上迫切需要新的经济理论的说明和指导。毫无疑问，以上三方面的原因，第三个原因是带根本性的，是推动微观经济学产生和发展的决定力量。

微观经济学的奠基者一般认为是新古典经济学派或称剑桥学派的创立者马歇尔，他自 19 世纪 60 年代后期起，花费近 60 年时间埋头于经济理论的研究而不参加任何社会政治活动。他所提出的供求均衡理论及其相关的生产成本理论、分配理论，辅之以精深细微的数量分析和简明的几何图形表达形式，对读者具有很强的吸引力，被认为是继古典经济学之后的具有里程碑性质的成就。在马歇尔之后，一些经济学家如克拉克、费雪尔、埃奇沃思等相继提出的在完全竞争条件下的边际生产力分配论、效用理论、报酬递减理论、无差异曲线理论和方法等进一步丰富和发展了主要为企业发展服务的微观经济学理论体系。

(2)宏观经济学的产生与发展。自 18 世纪亚当·斯密到后来 20 世纪的马歇尔，经济学家一直坚信市场上“看不见的手”的原则，主张采取放任自流的经济政策，“商品供给自行创造需求”。他们认为一个社会不论其生产能力如何，它在提供产品的同时也为社会创造了等量的购买力。市场机制作用会带来经济的部分失衡，但某一部门的生产过剩一定意味着另一些部门生产不足，通过价格调节和周期性的经济波动会使经济自发地恢复均衡，这种局部的、偶然的、暂时的危机不会影响经济整体的运行。但是，西方资本主义世界在1929—1933年爆发了一场历史上从未有过的深刻、持久、广泛的世界性的经济危机，整个资本主义世界都陷入了同样困境：商品积压、物价暴跌、工厂倒闭、工人失业。这场危机使整个资本主义世界工业倒退到1908年的水平，20多年积累的财富荡然无存。这场震撼世界的经济危机给传统的经济理论以沉重的打击，传统的经济学对于这一现象无法给出一个理性的、合理的、全面的解释。面对当时如此严峻的经济和政治局面，受到传统经济学界教条束缚的西方政治家和经济学者却无法对危机做出解释，从而也提不出有效的对策。

实际上，在微观经济学流行时期，有些经济学家早已看到仅靠"看不见的手"调节经济的局限性。有的批评"局部均衡论"的假设条件，即完全竞争的不现实性，认为由于市场信息和竞争的不完全性，局部均衡和一般均衡就难以实现；有的从实际出发，进一步总结出"市场失灵"或"市场失败"的四种情况：垄断、外部效应、公共物品和信息的不完全性。市场"看不见的手"与"看得见的手"，即政府行为，应并行不悖的理论观点。

正是在这样的历史背景下，1936年英国剑桥大学凯恩斯发表了《就业利息和货币通论》，对当时的经济现象给出了一个理性的、系统的、全面的解释，并提出了自己的对策，即加强政府的宏观管理。这一理论得到了当时以美国为首的西方国家的认可，并把它付之于实践，这就是所谓的凯恩斯革命，标志着经济学发展史上的又一个里程碑，它实际上宣告了宏观经济学的诞生。第二次世界大战后，凯恩斯主义已为西方各国所普遍接受，成为正统的西方经济学的一个组成部分。

(3)中观经济学的问世。微观经济学和宏观经济学的形成和发展的历史给我们以重大启示，就是以生产为中心形成的社会经济结构越来越复杂，经济系统的层次性越来越分明，因而对经济学研究的对象，以及相关概念、范畴、规律的理解和侧重点也会因为研究层次的不同，经济学家们既存在着一些共同之处，也必然有见仁见智的差别。正像生产发展和经济结构变化没有止境一样，经济学始终是一门高度开放的没有止境的生动活泼的"致用之学"。

3. 经济学的代表人物

(1)亚当·斯密(Adam Smith)是经济学的主要创立者。他首次提出了全面系统的经济学说，为该领域的发展打下了良好的基础。因此，完全可以说《国富论》是现代政治经济学研究的起点。《国富论》的中心思想是看起来似乎杂乱无章的自由市场实际上是个自行调整机制，自动倾向于生产社会最迫切需要的货品种类的数量。

亚当·斯密

威廉姆·斯坦利·杰文斯

(2)威廉姆·斯坦利·杰文斯(William Stanley Jevons),英国著名的经济学家和逻辑学家,边际效应学派的创始人之一,数理经济学派早期代表人物。杰文斯很早就在他的学说中对经济学和逻辑学展现了他特有的开创性作用。边际效应理论是他的《政治经济学理论通论》的基调。杰文斯是处理经济理论基本数据的理论家,但是他成名于对实际经济问题的评论。

(3)大卫·李嘉图(David Ricardo)是英国产业革命高潮时期的资产阶级经济学家,他继承和发展了斯密经济理论中的精华,使古典政治经济学达到了最高峰,是英国资产阶级古典政治经济学的杰出代表和完成者。

(4)康芒斯·约翰·罗杰斯(Commons John Rogers),作为制度经济学方面有特色的威斯康星传统的奠基人,康芒斯从实践的、历史的和以实验为根据的研究中,尤其在劳动关系和社会改革方面,得出了他的理论见解(概括在他的《资本主义法律基础和制度经济学》)。他不仅从经济学,而且从政治科学、法律、社会学和历史方面汲取知识。

大卫·李嘉图

康芒斯·约翰·罗杰斯

J.斯蒂格利茨

(5)J.斯蒂格利茨(Joseph Stiglitz)为经济学的一个重要分支——信息经济学——的创立做出了重大贡献。他所倡导的一些前沿理论,如逆向选择和道德风险,已成为经济学家和政策制定者的标准工具。他是世界上公共部门经济学领域最著名的专家。

8.2　哲学与法律

8.2.1　哲学

1.哲学的概念

哲学,是理论化、系统化的世界观,是自然知识、社会知识、思维知识的概括和总结,是世界观和方法论的统一。哲学是社会意识的具体存在和表现形式,是以追求世界的本源、本质、共性或绝对、终极的形而上者为形式,以确立哲学世界观和方法论为内容的社会科学。

哲学是研究一切存在之间抽象的相互关系的学科。何谓一切存在?是依赖于我们感觉的,不依赖于我们感觉的;主观的,客观的;实在的,虚构的;以及一切我们想象到的和想象不到的。一切存在至少包括以上所有这些存在形式。哲学的特征在于追问本质,不断反思。内容上,哲学的反思对象无所不包;深度上,哲学的反思是无穷无尽的。现实中,我们可以借用哲学的思维方式,但是不能照搬哲学的思维方式。

哲学的主要研究对象是物质与意识之间的关系,即唯心主义和唯物主义的对立关系。许多早期哲学家在自然哲学方面的观察最后都形成了现代科学对于众多课题上重要的基础。研究哲学不能脱离研究具体问题的应用学科，某一具体的应用学科的内在逻辑结构和它与其他学科的外在关系，应该遵守抽象的哲学原理。把握抽象的哲学原理必须依赖具体的应用学科，具体的感性现象和具体的生活体验；把握具体的应用学科的内在逻辑结构和它与其他所有学科的外在关系只能是哲学。

学习哲学并不在于它能对于所提出的问题提供任何确定的答案，而是在于这些问题本身。原因是，这些问题可以扩充我们对于一切可能事物的概念，丰富我们心灵方面的想象力，并且减低教条式的自信，这些都可能禁锢心灵的思考作用。此外，尤其通过哲学冥想宇宙之大，心灵会变得伟大起来，因而就能够和那称其为至善的宇宙结合在一起。哲学是对世界的关于终极意义的解释，它在解释中使我们了解世界，使世界在我们的意识中合理化，从而为我们提供心灵的慰藉。哲学还是世界观和方法论的统一，是美好生活的向导。

哲学就是用简单的语言来体现出隐含深层意义的道理，让人们去思考和体会。哲学本身就是用来完善自己的精神修养和帮助他人完善思想的。很多的哲学故事都是对人们有着重要的启迪和教育作用的。例如，乌鸦站在树上，整天无所事事，兔子看见乌鸦，就问：我能像你一样，整天什么事都不用干吗？乌鸦说：当然，有什么不可以呢？于是，兔子在树下的空地上开始休息，忽然，一只狐狸出现了，它跳起来抓住兔子，把它吞了下去。这则哲学故事告诉人们一个生存道理，如果你想站着什么事都不做，那你必须站得很高，非常高。在我们的生活中，哲学故事可以传递给我们很多的生存理念。

2. 哲学的发展

哲学的历史悠久，人们关于哲学的看法基本一致，但也存有不同的观点，人们关于哲学的定义也有多种版本。

Philosophia(哲学)是距今 2 500 年前的古希腊人创造的术语。希腊语 Philosophia 是由 philos 和 sophia 两部分构成的动宾词组，philein 是动词，指爱和追求，sophia 指“智慧”。Philosophia(哲学)按其本义而言，乃是指爱智慧、追求智慧、追求真理。

最早使用 philosophia(爱智慧)和 philosophos(爱智者)这两个词语的是毕达戈拉斯。据蓬托斯的赫拉克利德在《论无生物》中记载，当毕达戈拉斯在同西库翁或弗里阿西亚的僭主勒翁交谈时，第一次使用了 philosophia(爱智慧)的词语，并且把他自己称做 philosophos(爱智者)。毕达戈拉斯还说，在生活中，一些奴性的人生来是名利的猎手，而 philosophos(爱智者)生来寻求真理。他明确地把爱智者归到了自由人的行列，也把自由和真理联系在了一起。追求真理的人，也就是追求智慧的人。

19 世纪末，日本学者西周将希腊文 philosophia 译成汉文“哲学”。黄遵宪又将“哲学”一词转介到中国。中国清代以前的文化典籍中并无哲学一词，只有“哲”这个词，“哲”在汉语中的基本含义是“明智”、“明理”、“明道”，“明”是动词，明智、明理、明道是动词“明”的使动用法。明智、明理或明道是使被遮蔽的智、理和道显明出来的意思，与 philosophia(爱智慧、追求智慧、追求本真)的语义相贴近。“学”有系统化、理论化的含义。“哲”与“学”两个词合在一起作为一个词语使用，具有使被遮蔽的理和道以系统化、理论化的形式显明出来的含意。

西学东渐，哲学进入中国后，学界发生了中国本土文化中有无哲学的论争。认为中国有哲学的人把哲学定义为：关于宇宙和人生的基本思考。

如果从哲学就是明智之学、明理之学、明道之学的观点看问题，中国思想发展史上出现的儒学、道学、理学就是哲学,中国本土确实有哲学。

胡适在他的《中国哲学史大纲》指出:“凡研究人生且要的问题,从根本上着想,要寻求一个且要的解决”这样的学问叫做哲学。

冯友兰在《中国哲学简史》中提出自己的哲学定义:“就是对于人生的有系统的反思的思想”。中外哲学的产生皆起源于疑虑与惊讶。

譬如屈原之《天问》曰:遂古之初,谁传道之?上下未形,何由考之?一篇一百五十八问的长诗,皆是对宇宙人生奥秘、对远古神话传说的惊讶与疑虑。哲人正是由此开始了自己独立的思索与探求,并且惊讶与疑虑始终伴随着哲人的沉思。

柏拉图指出:“thauma”(惊奇)是哲学家的标志,是哲学的开端。柏拉图满蕴深意地说:“iris”(彩虹,虹之女神,宙斯的信使)是“thauma”(惊奇)之女,她向人传达神的旨意与福音。哲学是由惊奇而发生,在其注目之下,万物脱去了种种俗世的遮蔽,而将本真展现出来。由此,它把自己展现为一种真正解放性的力量。

亚里士多德在《形而上学》中说:求知是所有人的本性。人都是由于惊奇而开始哲学思维的,一开始是对身边不解的东西感到惊奇,继而逐步前进,对更重大的事情发生疑问,例如关于月相的变化,关于太阳和星辰的变化,以及关于万物的生成。一个感到困惑和惊奇的人,便自觉其无知。

黑格尔认为:哲学是一种特殊的思维运动,哲学是对绝对的追求。“哲学以绝对为对象,是一种特殊的思维方式。”

爱因斯坦这样谈论哲学:如果把哲学理解为在最普遍和最广泛的形式中对知识的追求,那么,哲学显然就可以被认为是全部科学之母。

18 世纪德国著名浪漫派诗人、短命天才诺瓦利斯(1772－1801 年)关于哲学的定义:哲学是全部科学之母,哲学活动的本质原就是精神还乡,凡是怀着乡愁的冲动到处寻找精神家园的活动皆可称之为哲学。

哲学是人类对世界终极意义的认识和界定,它在认识和界定中使我们了解世界,使世界在我们的意识中合理化,从而为我们提供心灵的慰藉。

今天,还有许多重要的科学文化概念在人们的知识库中是模糊不清的,没有明确科学的定义。社会文化的建设应该重视基本概念和基本理论的研讨。

3. 哲学的代表人物

(1)老子(公元前 570 年左右—公元前 470 年左右),春秋时思想家,道家创始人。一说老子即老聃,姓李名耳,字伯阳期,楚国苦县(今河南鹿邑东)厉乡曲仁里人,做过周朝“守藏室之史”(管理藏书的史官),孔子曾向他问礼,后退隐,著《老子》。《老子》一书中包括大量朴素辩证法观点,如一切事物均具有正反两面,“反者道之动”,并能由对立而转化,“正复为奇,善复为妖”,“祸兮福之所倚,福兮祸之所伏”。又以为世间事物均为“有”与“无”之统一,“有、无相生”,而“无”为基础,“天下万物生于有,有生于无”。“天之道,损有余而补不足,人之道则不然,损不足以奉有余”;“民之饥,以其上食税之多”;“民之轻死,以其上求生之厚”;“民不畏死,奈何以死惧之?”其学说对中国哲学发展影响巨大。

(2)柏拉图,古希腊雅典人,是西方古代大哲学家、客观唯心主义的奠基人和教育家。柏拉图哲学的本体论被称为“客观唯心主义”。他是西方客观唯心主义的奠基人。他认为,心灵和灵魂过去是在理念世界里的,后来跟肉体结合,包含理性部分,意志部分,感情部分。这灵魂的三个部分在柏拉图的伦理学中恰恰顺应三种德行：理性部分顺应智慧，意志部分顺应勇敢，感情部分顺应节制。在他的教育思想中，他第一个指出教育的伟大政治意义，提出公共的学前教育思想及其内容，确定了心理构成的基本部分，规定了在当时看来广泛的学科范围，指出每门学科对于发展抽象思维的意义，主张女子应与男子受完全平等的教育。

(3)亚里士多德，古希腊斯吉塔拉人，是世界古代史上最伟大的哲学家、科学家和教育家之一。他是柏拉图的学生，亚历山大的老师。他的著作是古代的百科全书，据说有 400～1 000 部，主要有《工具论》、《形而上学》、《物理学》、《伦理学》、《政治学》、《诗学》等。他的思想对人类产生了深远的影响。他创立了形式逻辑学，丰富和发展了哲学的各个分支学科，对科学做出了巨大的贡献。

老子

柏拉图

亚里士多德

(4)伊曼努尔·康德，德国哲学家，德古典唯心主义的创始人。他认为知识是人类同时透过感官与理性得到的。经验对知识的产生是必要的，但不是唯一的要素。把经验转换为知识，就需要理性，而理性则是天赋的。人类通过范畴的框架来获得外界的经验，没有范畴就无法感知世界。因此范畴与经验一样，是获得知识的必要条件。

(5)黑格尔，德国哲学家，德国古典唯心主义的集大成者。他的哲学是对三个阶段的描述，因而相应地由逻辑学、自然哲学和精神哲学三个部分组成。逻辑学是"研究观念(理念)自在自为的科学"，将质量互变、对立统一、否定之否定当做思维的规律加以阐明，在概念的辩证法中，他猜测到了客观事物本身的辩证法。黑格尔哲学是马克思主义哲学的来源之一。

伊曼努尔·康德

黑格尔

8.2.2 法律

1. 法律的概念

法律，即社会上人与人之间关系的规范，以正义为其存在的基础，以国家的强制力为其实施的手段。法治和法律要逐渐变得适当宽容以利于社会和谐。法一般限于宪法、法律。法属于上层建筑范畴，决定于经济基础，并为经济基础服务。法的目的在于维护有利于统治阶级的社会关系和社会秩序，是统治阶级实现其统治的一项重要工具。所以，法是阶级社会特有的社会现象，它随着阶级、阶级斗争的产生、发展而产生和发展，法律将随着阶级、阶级斗争的消灭而自行消亡。

法律是政治上的正义，是公认的公正不偏的权衡标准，是理性的体现，又是一个合同式的契约。法律的特性包括：①公正性。法律是正义的体现，它对一切人，包括统治者和被统治者都是平等的。②可变性。法律应该允许变革，当然变革须要慎重。③必须遵守性。法律是一种特殊的社会规范，是人们的行为准则，人人都必须遵守它。法律的作用和目的在于为了城邦的“善业”，为了“善德”，为了追求“公共福利”，增进人类的道德。

法律女神

法制和法治是既有区别又有联系的两个概念，不容混淆。二者的主要区别在于：

(1)法制是法律制度的简称，属于制度的范畴，是一种实际存在的东西；而法治是法律统治的简称，是一种治国原则和方法，是相对于“人治”而言的，是对法制这种实际存在东西的完善和改造。

(2)法制的产生和发展与所有国家直接相联系，在任何国家都存在法制；而法治的产生和发展却不与所有国家直接相联系，只在民主制国家才存在法治。

(3)法制的基本要求是各项工作都法律化、制度化，并做到有法可依、有法必依、执法必严、违法必究；而法治的基本要求是严格依法办事，法律在各种社会调整措施中具有至上性、权威性和强制性，不是当权者的任性。

(4)实行法制的主要标志是，一个国家从立法、执法、司法、守法到法律监督等方面，都有比较完备的法律和制度；而实行法治的主要标志是，一个国家的任何机关、团体和个人，包括国家最高领导人在内，都严格遵守法律和依法办事。

在我国，法律是由中华人民共和国最高权力机关及其常设机关——全国人民代表大会及其常务委员会制定的规范性文件。根据我国现行宪法的规定，法律分为基本法律和基本法律以外的法律。法律改变生活、法治促进和谐。十余年来，我国的立法步伐不断加快，新的立法为促进社会发展、公民权利的保障发挥了重要的作用。法律和我们的生活是息息相关的。而在我国的众多法律条例中，宪法是一个国家的根本法律。它规定该国的社会制度、国家制度、国家机构、公民的基本权利和义务等。

2. 法律的发展

法律在不同的历史阶段有着不同的发展历程。法律是统治阶级实现其统治的一项重要工具，它以规定人权利和义务的方式来调整人们的行为，其目的在于维护有利于统治阶级的社会关系和社会秩序。

古希腊法律的思想特点：

(1) 柏拉图的法律思想。柏拉图(公元前 427—公元前 347 年)，生于雅典的一个贵族之家。他的父母都是名门望族的后裔，母亲更是著名的政治改革家梭伦的后代。在柏拉图看来，一个人品性中，都具有“较善”和“较恶”两部分。如果较善的那部分占优势，就控制住“较恶”的那部分，他就成为自己的主人；如果他接受不良的教育，或者受坏人的薰染，他便成为“自己的奴隶”。当恶性膨胀时，就只好服从外在的权威，这个外在权威就是法律。

(2)亚里士多德的法律思想。亚里士多德(公元前 384—公元前 322 年)，是古希腊百科全书式的思想大家，曾师从柏拉图。亚里士多德认为，城邦以正义为基础，由这种正义衍生出法律，以判断人间的是非曲直。正义是指人们在社会关系中所产生的一种美德。正义和不正义含有两种意思：一是指能否服从纪律；二是指一个人所取得的东西是否是他应当得到的。正义又可分为“普遍的正义”和“个别的正义”两种。其中，“个别的正义”又分为“分配的正义”和“平均的正义”两种。“分配的正义”就是求得比例的平等，这种正义是从人的不平等性出发的，而这种不平等性是自然造成的，是固定不变的。至于“平均的正义”就是指人们之间的平等关系。这种正义是以人的等价性为依据，使相互利益等同。

中国是世界上历史最悠久的国家之一。古代原始公社制度的解体和法的产生是同时进行的，法是阶级矛盾不可调和的产物。据我国第一部字典《说文解字》解释：“法，刑也，平之如水，从水。法，所以触不直者去之，从去。”从水，取其平，即法平如水，也就是公平的意思。在古代，法律尽管也是阶级社会的统治工具，但是同样具有当时的社会特点。

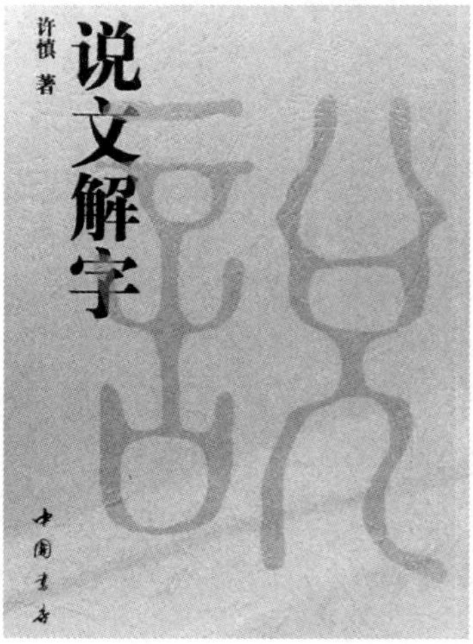

《说文解字》

新中国的法律大事：

1978 年：全国有 3 187 个各级法院，法官人数 6 万余人，当年处理各类案件 61 万多件。

1988 年 8 月：浙江省苍南县农民包郑照状告县政府非法拆除其房子，开创了中国“民告官”的先例，促成了后来《中华人民共和国行政诉讼法》的产生。

1998 年：中国实行公开审理的制度。

1998 年 7 月 11 日：著名的“十大电影厂维权案”开审，中央电视台首次进行审判过程的电视直播。

2004 年 3 月 14 日：“国家尊重和保护人权”被写入宪法。

2007 年：中国全国有 3 557 个各级法院，法官人数 19 万余人，当年处理各类案件 885 万多件。

然而，在阶级社会里，不同的阶级有不同的公平、正义观，法所体现的只能是不同统治阶级的公平、正义观。社会主义的法，是从具有阶级性的社会规范向反映社会全体成员共同意志、维护全社会共同利益的社会规范过渡的法。它除了具有调整敌我矛盾和人民内部矛盾两类不同性质关系的功能外，还对社会主义的物质文明和精神文明的建设有着重要的促进作用。

随着社会的发展，法律制度也随着社会发展和需求得到了很大的发展，为了满足社会发展的需要，我国的《公司法》《婚姻法》等一些法律都进行了一些新的修订，都在不断地完善中。